电子商务职业细分化岗位导向型规划教材
编写委员会

电子商务职业细分化岗位导向型规划教材

微信移动营销

【京慧越商学院　编】

主　编　付　强

副主编　程云翔　张　雷　王海民

编　委　赵小伟　张云娜

河南大学出版社
HENAN UNIVERSITY PRESS
·郑州·

内容简介

如果说微信对现有的大量互联网产品、服务及其商业模式有颠覆性作用，那么微信营销则是营销历史上的一次变革，它的营销本质和核心方法与现存的所有媒介都不相同。

《微信移动营销》是由京慧越商学院集合移动电商讲师编写，向读者介绍了微信公众号的具体注册流程，分析了微信公众号的运营、推广和定位方法，并提供了众多精彩案例，以便读者迅速了解并熟练掌握微信公众号的营销模式。

图书在版编目（CIP）数据

微信移动营销 / 京慧越商学院编 . —郑州：河南大学出版社， 2017.4（2019.4 重印）
ISBN 978-7-5649-2826-1

Ⅰ. ①微… Ⅱ. ①京… Ⅲ. ①网络营销 Ⅳ. ① F713.365.2

中国版本图书馆 CIP 数据核字（2017）第 097394 号

责任编辑 巩永波
责任校对 丁丽艳
整体设计 杨庆乐

出版发行 河南大学出版社
地　　址 郑州市郑东新区商务外环中华大厦 2401 号
邮　　编 450046
电　　话 0371-86059750 0371-86059701（营销部）
网　　址 www.hupress.com
排　　版 郑州市郑东新区大艺图文设计商行
印　　刷 郑州新海岸电脑彩色制印有限公司
版　　次 2018 年 2 月第 1 版　　印　　次 2019 年 4 月第 2 次印刷
开　　本 787mm × 1092mm 1/16　　印　　张 10.25
字　　数 227 千字　　定　　价 50.90 元

Preface

序

18 世纪蒸汽机的出现和广泛使用引发了第一次工业革命，机器代替了手工劳动。19 世纪电力的大规模应用造就了第二次工业革命。电力革命给人类社会带来了巨大的进步。从 1986 年中国发出第一封国际电子邮件开始，经过 30 年的发展，互联网在中国有了近 8 亿用户，相当于欧洲人口总量，渗透率近 60%，互联网已经如电力般渗透到我们日常工作生活的每一个角落。随着互联网基础设施建设的不断完善、移动互联网终端的大量普及，政府鼓励互联网产业发展，中国互联网产业正在成为全球最大的经济体。

“互联网 +”早已成为国家战略，在中国互联网过往 30 年的发展历程中，互联网与广告、零售、银行、通信等传统行业的结合，在造就百度、阿里巴巴、京东、腾讯等互联网优秀企业的同时，也为中国的经济转型升级提供了新路径和宝贵的经验。国家正在通过“一带一路”倡议，加强国际交流和对外贸易，大力推进跨境电子商务的发展，推动“中国制造”走向全球。在万物互联的新生态中，企业不再是社会经济活动的最小单位，个人才是社会经济活动的最小细胞，企业的经营模式正在进行深入的变革，快速理解和响应每一个细胞的需求和行为，甚至和每一个不同的人进行情感交流、产生共鸣才能在新的变革中立于不败之地。

随着互联网产业的快速发展，伴随着互联网长大的“90 后”“00 后”逐步成为电子商务的参与者和实施者，全民电子商务近在眼前；电子商务产业在消费环境、资本环境和政策环境方面前景一片大好，当前中国正在经历供给政策改革和消费升级，电子商务是最有力的推手，作为市场的主体企业，拥抱互联网的方式正是电子商务未来的发展趋势。

（1）内贸平台电商。内贸平台电商以阿里系淘宝、天猫、阿里巴巴，京东系为代表，目前是大多数企业在参与的模式，在未来一段时间内还会继续存在。

（2）移动电商。移动电商是基于移动社交建立起来的电商体系，以社群为入口，以社交为信任背书，是电商当之无愧的主战场。

（3）跨境电商。跨境电商已然成为时代的主题，也是国家“一带一路”工作的重头戏，未来的电商一定是全球化的。

（4）产业电商。越来越多的供应链企业直接参与到产业电商的链条中，其中表现突出的就是餐饮电商和旅游电商，主要表现形式为 O2O（线上到线下）。

互联网正在重塑中国的经济生态，互联网与各行各业的深度跨界融合给以电子商务为代表的互联网产业人才培养带来了新的挑战，主要表现为岗位需求量大、复合型强、实操性高。

校企合作共建电子商务专业群，培养符合社会和行业需要的电子商务产业人才，是院校发展的必由之路。基于此，京慧越商学院发起成立了电子商务产教联盟，校企合作共同开发电子商务专业课程体系。课程体系包含专业教材、教学资源、实训平台、产业项目输出，四位一体共同培养复合型电子商务产业人才。

电子商务，电子是手段，是术；商务是本质，是道。在长期的电子商务产业人才培养过程中，我们发现电子商务专业首先还是要解决师生商务人的意识和理念问题，所以此套课程体系采用了独特的 TOJ（training on job，在职培训）教学方法，从电子商务实际岗位出发，涵盖电商美工、电商客服、电商物流、网络营销、电商运营等岗位群，同时融合大数据、移动新媒体和跨境电子商务等主流电子商务新业态，分模块由浅入深进行实操学习。教材配套教学资源请发邮件至 server@jinghuiyue.com 进行联络索取。

本次课程体系开发得到了京慧越商学院 40 多所合作院校领导和电子商务专业老师的大力支持与帮助，我们在这里表示真诚的感谢！我们参考了国内外大量的图书杂志和网站资料，已在本书最后附上参考文献列表，有些在文中注明了出处，在此向有关作者表达我们诚挚的谢意！由于近年来互联网产业发展迅速，大量的新技术、新应用不断产生，加上编者水平有限，因此本书尚有遗漏、不足之处，恳请读者批评指正。希望这次校企共同开发的这一套院校电子商务职业细分化、岗位导向型规划教材对院校的师生学习电子商务专业技能有所帮助。

编著　郑州京慧越科技有限公司

旗下　京慧越商学院

2017 年 7 月

contents
目录

微信介绍

微信（WeChat）是腾讯公司于 2011 年 1 月 21 日推出的一个为智能终端提供即时通讯服务的免费应用程序，微信支持跨通信运营商、跨操作系统平台，通过网络快速免费（需消耗少量网络流量）发送语音短信、视频、图片和文字，同时，也可以使用通过共享流媒体内容的资料和基于位置的社交插件“摇一摇”“漂流瓶”“朋友圈”“公众平台”“语音记事本”等服务插件。截至 2015 年第一季度，微信已经覆盖中国 90% 以上的智能手机，月活跃用户达到 5.49 亿，用户覆盖 200 多个国家，超过 20 种语言。此外，各品牌的微信公众账号总数已经超过 800 万个，移动应用对接数量超过 8.5 万 个，微信支付用户则达到了 4 亿左右。

微信提供公众平台、朋友圈、消息推送等功能，用户可以通过“摇一摇”“搜索号码”“附近的人”、扫二维码方式添加好友或关注公众平台，同时微信将内容分享给好友以及将用户看到的精彩内容分享到微信朋友圈。

截至 2013 年 11 月注册用户量已经突破 6 亿，是亚洲地区最大用户群体的移动即时通讯软件。

2015 年春节期间，微信联合各类商家推出春节“摇红包”活动，送出金额超过 5 亿的现金红包。

2015 年 6 月 30 日，腾讯以 17.6 亿元投得广州琶洲地块以建设微信总部大楼。

2016 年 3 月 1 日起，微信支付对转账功能停止收取手续费。同日起，对提现功能开始收取手续费。

2016 年 3 月 10 日，微信官方首次公布“企业微信”的相关细节，并于 4 月 18 日通过应用宝正式发布安卓版。

发展历程

微信由深圳腾讯控股有限公司（Tencent Holdings Limited）于2010年10月筹划启动，由腾讯广州研发中心产品团队打造。该团队经理张小龙所带领的团队曾成功开发过Foxmail、

QQ邮箱等互联网项目。腾讯公司总裁马化腾在产品策划的邮件中确定了这款产品的名称叫作“微信”。

2013 年 10 月 19 日，微信 LBS（Location Based Sevice，基于位置的服务）图文回复是由商家设置店铺位置，用户提交当前所在位置后，可以找到最近的商家店铺，并进行一键导航、一键拨号，如果店铺当前有进行的活动（如：优惠券、刮刮卡），也可把活动显示出来。

2013 年 10 月 13 日，全城搜索志在帮助那些不懂技术的个人或企业建立属于自己的接口程序，让完全不懂技术的个人或企业通过简单的配置，即可拥有强大的功能。企业使用全城搜索可以用低廉的成本实现智能客服机器人功能，店家可以轻松实现店铺商品和粉丝的关联与互动，也即将为微信地方号运营维护人员提供强大的地方运营维护的管理功能模块。

2011 年 1 月 21 日，微信发布针对 iPhone 用户的 1.0 测试版。该版本支持通过 QQ 号来导入现有的联系人资料，但仅有即时通讯、分享照片和更换头像等简单功能。

在随后 1.1、1.2 和 1.3 三个测试版中，微信逐渐增加了对手机通讯录的读取、与腾讯微博私信的互通以及多人会话功能的支持，截至 2011 年 4 月底，腾讯微信获得了四五百万注册用户。

2011 年 5 月 10 日，微信发布了 2.0 版本，该版本新增了 Talkbox 那样的语音对讲功能，使得微信的用户群第一次有了显著增长。

2011 年 8 月，微信添加了“查看附近的人”的陌生人交友功能，用户达到 1500 万 。到 2011 年底，微信用户已超过 5000 万。

2011 年 10 月 1 日，微信发布 3.0 版本，该版本加入了“摇一摇”和漂流瓶功能，增加了对繁体中文语言界面的支持，并增加港、澳、台、美、日五个地区的用户绑定手机号。

2011 年 1 月 17 日北京某文化传播有限责任公司申请注册微信商标，腾讯的微信商标于 2011 年 1 月 24 日申请注册，仅仅迟了一星期。

2012 年 3 月，微信用户数突破 1 亿大关。4 月 19 日，微信发布 4.0 版本。这一版本增加了类似 Path 和 Instagram 一样的相册功能，并且可以把相册分享到朋友圈。

2012 年 4 月，腾讯公司开始做出将微信推向国际市场的尝试，为了微信的欧美化，将其 4.0 英文版更名为“Wechat”，之后推出多种语言支持 。

2012 年 7 月 19 日，微信 4.2 版本增加了视频聊天插件，并发布网页版微信界面。

2012 年 9 月 5 日，微信 4.3 版本增加了摇一摇传图功能，该功能可以方便地把图片从电脑传送到手机上。这一版本还新增了语音搜索功能，并且支持解绑手机号码和 QQ 号，进一步增强了用户对个人信息的把控。

2012 年 9 月 17 日，腾讯微信团队发布消息称，微信注册用户已破 2 亿。

2013 年 1 月 15 日深夜，腾讯微信团队在微博上宣布微信用户数突破 3 亿，成为全球下载量和用户量最多的通信软件，影响力遍及中国大陆、香港、台湾、东南亚以及海外华人聚集地和少数西方人。

2013年2月5日，微信发布4.5版。这一版本支持实时对讲和多人实时语音聊天，并进一步丰富了“摇一摇”和二维码的功能，支持对聊天记录进行搜索、保存和迁移。同时，微信4.5还加入了语音提醒和根据对方发来的位置进行导航的功能。

2013年4月11日，腾讯微信团队通过微信正式向部分用户发布声明，称网上流传的“微信要对用户收费”系恶意造谣，同时强调微信绝不会对用户收费。

2013年7月22日，有大量用户反映微信发生全面故障，故障包括微信信息无法发出、无法刷新朋友圈、无法登录公众账号平台、无法连接微信网页版。事故一直扰攘至下午2时许，微信开发团队才在其腾讯微博宣布微信可以再次使用，但有部分用户仍然留言，指出进入微信后，部分功能未恢复，或者根本未能连线。

2013年8月5日，微信5.0 for ios上线了，添加了表情商店和游戏中心，扫一扫（简称313）功能全新升级，可以扫街景、扫条码、扫二维码、扫单词翻译、扫封面，同年8月9日，微信5.0 Android上线。

2013年8月15日，微信海外版（WeChat）注册用户突破1亿，一个月内新增3000万名用户。

2013年10月24日，腾讯微信的用户数量已经超过了6亿，每日活跃用户1亿。

2013年12月31日，微信5.0 for Windows Phone上线了，添加了表情商店，绑定银行卡，收藏功能，绑定邮箱，分享信息到朋友圈等。

2014年1月4日，微信在产品内添加由“嘀嘀打车”提供的打车功能。

2014年1月28日，微信升级为5.2版本，Android版界面全新改版。

2014年3月，开放微信支付功能。

2014年3月24日，电脑管家牵手微信上线聊天记录备份功能。

2015年1月21日，微信在APP Store率先上线了6.1版，新版增加了“附件栏发微信红包”“更换手机时，自定义表情不会丢失”“可以搜索朋友圈的内容和附近的餐馆”三大功能。还有安装之后的开场幻灯片——统计你过去一年“送出的赞”以及“收获的赞”。

2014年8月28日，微信支付正式公布“微信智慧生活”全行业解决方案。具体体现在以微信公众号+微信支付为基础，帮助传统行业将原有商业模式“移植”到微信平台。

微信提供的闭环式移动互联网商业解决方案中，涉及的服务能力包括：移动电商入口、用户识别、数据分析、支付结算、客户关系维护、售后服务和维权、社交推广等。这也预示着微信再次加大商业化开放步伐，为合作伙伴提供连接能力，助推企业用户商业模式的移动互联网化转型。

通过为合作伙伴提供“连接一切”的能力，微信正在形成一个全新的“智慧型”生活方式。其已经渗透进入以下传统行业，如微信打车、微信交电费、微信购物、微信医疗、微信酒店等。为医疗、酒店、零售、百货、餐饮、票务、快递、高校、电商、民生等数十个行业提供标准解决方案。

功能服务

基本功能

聊天：支持发送语音短信、视频、图片（包括表情）和文字，是一种聊天软件，支持多人群聊。

添加好友：微信支持查找微信号（具体步骤：点击微信界面下方的朋友们→添加朋友→搜号码，然后输入想搜索的微信号码，点击查找即可）、查看 QQ 好友添加好友、查看手机通讯录和分享微信号添加好友、摇一摇添加好友、二维码查找添加好友和漂流瓶接受好友等 7 种方式。

实时对讲机功能：用户可以通过语音聊天室和一群人语音对讲，但与在群里发语音不同的是，这个聊天室的消息几乎是实时的，并且不会留下任何记录，在手机屏幕关闭的情况下也仍可进行实时聊天。

微信支付

微信支付是集成在微信客户端的支付功能，用户可以通过手机完成快速的支付流程。微信支付向用户提供安全、快捷、高效的支付服务，以绑定银行卡的快捷支付为基础。

支持支付场景：微信公众平台支付、APP（第三方应用商城）支付、二维码扫描支付、刷卡支付，用户展示条码，商户扫描后完成支付。

用户只需在微信中关联一张银行卡，并完成身份认证，即可将装有微信 APP 的智能手机变成一个全能钱包，之后即可购买合作商户的商品及服务，用户在支付时只需在自己的智能手机上输入密码，无须任何刷卡步骤即可完成支付，整个过程简便流畅。

微信支付支持以下银行发卡的贷记卡：深圳发展银行、宁波银行。此外，微信支付还支持以下银行的借记卡及信用卡：招商银行、建设银行、光大银行、中信银行、农业银行、广发银行、平安银行、兴业银行、民生银行。

微信支付规则：

（1）绑定银行卡时，需要验证持卡人本人的实名信息，即姓名、身份证号的信息。

（2）一个微信号只能绑定一个实名信息，绑定后实名信息不能更改，解卡不删除实名绑定关系。

（3）同一身份证件号码只能注册最多 10 个（包含 10 个）微信支付；

（4）一张银行卡（含信用卡）最多可绑定 3 个微信号；

（5）一个微信号最多可绑定 10 张银行卡（含信用卡）；

（6）一个微信号中的支付密码只能设置一个；

（7）银行卡无须开通网银（中国银行、工商银行除外），只要在银行中有预留手机号码，即可绑定微信支付。

［注］一旦绑定成功，该微信号无法绑定其他姓名的银行卡/信用卡，请谨慎操作。

2014 年 09 月 13 日，为了给更多的用户提供微信支付电商平台，微信服务号申请微信支付功能将不再收取 2 万元保证金，开店门槛将降低。保证金的取消无疑是对微信支付门槛的大大降低。未来一段时间内或将有大批商户开始申请接入微信支付 ，每天新增 1.5 万，据业内人士分析，这一数据年底有望破 1000 万，将超过淘宝 800 万的卖家数目。微信降低支付门槛，更多的淘宝卖家和新型创业者将会大量涌入微信公众平台，势必会迎来更多的企业用户注册。

从 2015 年 10 月 17 日起，微信支付开始逐步恢复测试转账新规。每人每月转账 + 面对面收款可享受 2 万元免手续费额度，超出部分才按照 0.1% 的标准收取支付的银行手续费。为优化服务资源配置，微信会更倾向于将资源倾斜给更广泛的小额转账及红包用户。小额转账及红包依旧免收手续费，不受影响。

自 2016 年 3 月 1 日起，微信支付对转账功能停止收取手续费。同日起，对提现功能开始收取手续费。具体收费方案为：每位用户（以身份证为准）终身享受 1000 元免费提现额度，超出部分按银行费率收取手续费，目前费率均为 0.1%，每笔最少收 0.1 元。微信红包、面对面收付款、AA 收款等功能不受影响，免收手续费。

2016 年 2 月 15 日，腾讯客服发布公告称，自今年 3 月 1 日起，微信支付对转账功能停止收取手续费。同日起，对提现功能开始收取手续费。微信方面向新浪科技表示，对提现交易收费并不是微信支付追求营收之举，而是用于支付银行手续费。

其他功能

朋友圈：用户可以通过朋友圈发表文字和图片，同时可通过其他软件将文章或者音乐分享到朋友圈。用户可以对好友新发的照片进行“评论”或“赞”，用户只能看相同好友的评论或赞。

语音提醒：用户可以通过语音告诉 Ta 提醒打电话或是查看邮件。

通讯录安全助手：开启后可上传手机通讯录至服务器，也可将之前上传的通讯录下载至手机。

QQ 邮箱提醒：开启后可接收来自 QQ 邮件的邮箱，收到邮件后可直接回复或转发。

私信助手：开启后可接收来自 QQ 微博的私信，收到私信后可直接回复。

漂流瓶：通过扔瓶子和捞瓶子来匿名交友。

查看附近的人：微信将会根据您的地理位置找到在用户附近同样开启本功能的人。（LBS 功能）

语音记事本：可以进行语音速记，还支持视频、图片、文字记事。

微信摇一摇：是微信推出的一个随机交友应用，通过摇手机或点击按钮模拟摇一摇，可以匹配到同一时段触发该功能的微信用户，从而增加用户间的互动和微信黏度。

群发助手：通过群发助手把消息发给多个人。

微博阅读：可以通过微信来浏览腾讯微博内容。

流量查询：微信自身带有流量统计的功能，可以在设置里随时查看微信的流量动态。

游戏中心：可以进入微信玩游戏（还可以和好友比高分），例如“飞机大战”。

微信公众平台：通过这一平台，个人和企业都可以打造一个微信公众号，可以群发文字、图片、语音三个类别的内容。目前有 200 万公众账号。

微信在 IPhone、Android、Windows Phone、Symbian、BlackBerry 等手机平台上都可以使用，并提供有多种语言界面。

账号保护：微信与手机号进行绑定，该绑定过程需要四步：（1）在“我”的栏目里进入“个人信息”，点击“我的账号”；（2）在“手机号”一栏输入手机号码；（3）系统自动发送六位验证码到手机，成功输入六位验证码后即可完成绑定；（4）让“账号保护”一栏显示“已启用”，即表示微信已启动了全新的账号保护机制。

微信网页版

微信网页版指通过手机微信（4.2 版本以上）的二维码识别功能在网页上登录微信，微信网页版能实现和好友聊天，传输文件等功能，但不支持查看附近的人以及摇一摇等功能。

微信电脑版

登录：

双击桌面的微信图标，运行微信。

如果是第一次登录，会出现二维码。打开手机微信的扫一扫，扫码登录；扫描后，在手机上点击确认登录；在手机上打开微信，出现登录确认界面，点击登录，可以开始使用。

如果不是第一次登录，运行微信后，直接点击“登录”按钮，然后在手机上确认，就可以登录使用。

聊天：

在聊天列表中选择需要聊天的朋友，然后在输入框中输入内容，就可以开始聊天。

在聊天中，可以截图，或者选择电脑上的文件，发给朋友或自己。

聊天记录备份：

首先，将安卓手机通过数据线与电脑连接。

然后在微信电脑版的设置面板中，点击“备份”，按照界面提示，可以将手机上的聊天记录备份到电脑上。备份以后，会出现“恢复”按钮，点击后可将已备份到电脑的聊天记录恢复到手机上。

目前仅支持安卓手机，并且需要安装微信 6.0 以上版本。

电脑上备份的聊天记录仅保存最后一次备份的。即每次备份聊天记录后，将只保存当次备份的记录，之前的备份会被覆盖。

将已备份聊天记录恢复到手机，会把聊天记录与手机上的聊天记录做合并，不会删去手机上本身有的聊天。

二维码

微信二维码操作：

有了微信二维码就可以扫描微信用户，添加好友，将二维码图案置于取景框内，微信会找到好友的二维码。具体方法如下：

方法一：登录微信→朋友们→添加朋友→扫一扫。

方法二：登录微信后选择微信→点击右上角魔棒图标→扫一扫

点击扫一扫功能之后，用摄像头对准微信二维码，等待 2~3 秒，提示“已扫描，正在加载名片”后，就会出现扫描出来的用户了，接下来就可以加对方为好友。

微信二维码登录：

微信推出 web 版本后，在 web 版本中，不再使用传统的用户名密码登录，而是使用手机扫描二维码登录的方式。

企业成员登录邮箱后，选择设置→提醒服务→微信提醒，点击绑定微信。

页面会显示一个二维码，此时打开微信，使用“扫一扫”功能扫描此二维码。

扫描成功后，微信会提示“确认绑定企业邮箱？”点击“确认”完成绑定。

点亮图标

在新版 QQ 客户端增加有微信图标，有此图标的表示正在使用微信或曾使用过微信的用户。

微信图标点亮方法：

（1）登录微信手机客户端；

（2）使用微信向微信团队发送“KTZX”即可显示微信在线并点亮微信图标，关闭回复“GBZX”。

微信用户是一项资产

微信是一个基于移动互联网思维的产品，移动互联网思维和互联网思维的区别是什么呢？简单地说，一个是经营用户，一个是经营流量。

在互联网时代，我们很难经营用户，因为电脑往往是共用的，一个家庭里，老公、老婆、孩子可能共用一台电脑，你无法去辨别到底是谁在浏览你的网站。你可以用登录注册系统来识别用户，但是有多少人会一直保持登录状态呢？即使他登录，你又如何保证他会看到你发的通知呢？所以到头来，大家做的还是流量。流量最大的敌人就是转化率，也许你的每 100 个 UV（Unique Vistor，独立访客）当中，有 50 个属于误打误撞进来的，你为 100 个 UV 都支付了流量成本，却浪费了 50%。

而在移动互联网时代，我们终于有可能经营用户了。机主与手机基本上是一对一的关系，一旦当他登录了某个 APP，他就可以基本上永远保持在线状态，这样你就可以识别他、联络他。只要你曾经和他联系过一次，理论上讲你就可以永远地和他联系。如此一来，你可以直接找到那 50 个你需要的 UV，而无须为了获得这 50 而浪费掉另外的 50。

微信不仅是一个 CRM（Customer Relationship Management，客户关系管理）工具，它本身还是一个用户数据库。以前，我们使用 DM（Direct Mail，直接邮送广告）、Email（电子邮件）、短信做 CRM 的时候，数据库和通信工具是分开的，而在微信里二者则合一了。因此，当我们推广微信公众账号的时候，其实就是在积累用户数据，它本质上就是我们的一项资产。

FIRST

01

第1章 微信公众号的基础知识

※ 微信公众号的类型

※ 微信公众账号注册

1.1 微信公众号的类型

微信公众平台是腾讯公司在微信的基础上新增的功能模块，借助这个交流平台，个人和企业都可以打造一个微信公众号，可以实现实时交流、消息发送和素材管理。用户对自己的粉丝分组管理、实时交流都在可以在这个界面完成。

微信公众号主要面向名人、政府、媒体、企业等机构推出合作推广业务。在这里可以通过微信渠道将品牌推送给上亿的微信用户，减少宣传成本，提高品牌知名度，打造更具影响力的品牌形象（图1-1）。

图1-1 微信

微信公众平台目前一共推出了三种公众账号：服务号、订阅号与企业号（它们之间是不能相互转换的）。

那么这三种账号之间有什么区别和联系呢？如图1-2、1-3所示。

（1）订阅号：主要偏于为用户传达资讯（类似报纸杂志），认证前后都是每天只可以群发一条消息。

（2）服务号：主要偏于服务交互（类似银行、114，提供服务查询），认证前后都是每个月可群发4条消息。

（3）企业号：主要用于公司内部通讯使用，需要先有成员的通讯信息验证才可以关注成功企业号。

	企业号	服务号	订阅号
目标	连接各类机构与员工、上下游、企业 IT 系统	连接各类机构与用户	连接作者与读者
适用	机构	机构	机构与个人
消息显示位置	好友对话列表	好友对话列表	折叠在文件夹中
群发消息数量	无数量限制	每月 4 条群发	每日 1 条群发
保密消息	可以限制转发	无	无
需身份验证才能关注	是	否	否
定制应用	可定制配置多个应用	可定制单个应用	无定制

图1-2　微信公共号区别

1. 订阅号

面向人群: 面向媒体和个人提供一种信息传播方式。

消息显示方式: 折叠在订阅号目录中。

消息次数限制: 每天群发一条。

验证关注者身份: 任何微信用户扫码即可关注。

消息保密: 消息可转发、分享。

高级接口权限: 不支持。

定制应用: 不支持，新增服务号需要重新关注。

2. 服务号

面向人群: 面向企业、政府或组织，服务用户。

消息显示方式: 出现在好友会话列表首层。

消息次数限制：每月主动发送消息不超过4条。

验证关注者身份：任何微信用户扫码即可关注。

消息保密：消息可转发、分享。

高级接口权限：支持。

定制应用：不支持，新增服务号需要重新关注。

3. 企业号

面向人群：面向企业、政府、事业单位和非政府组织，实现生产管理、协作运营的移动化。

消息显示方式：出现在好友会话列表首层。

消息次数限制：最高每分钟可群发200次。

验证关注者身份：通讯录成员可关注。

消息保密：消息可转发、分享；支持保密消息，防成员转发。

高级接口权限：支持。

定制应用：可根据需要定制应用，多个应用聚合成一个企业号

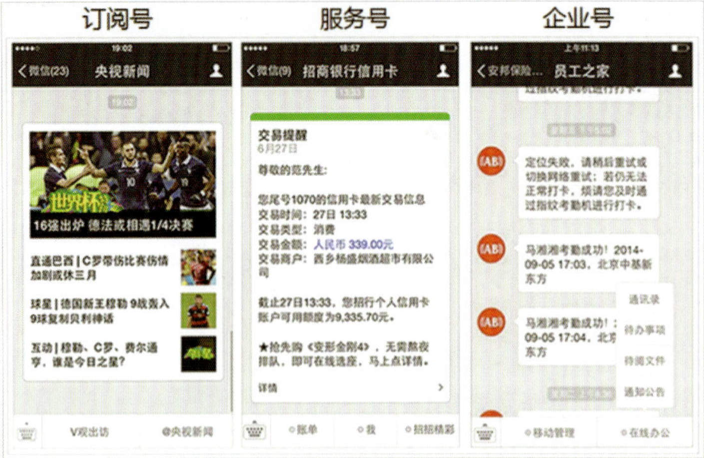

图1-3　三种公众账号的显示界面

1.2　微信公众账号注册

1.2.1　注册前的准备工作

注册前的准备工作如表1-1所示。

表1-1　注册前的准备

序号	准备工作	设置建议
1.	准备一个电子邮箱。	注册时使用，建议启用一个注册微信的专门邮箱。

续表

2.	企业营业执照照片、运营授权书照片、运营负责人手持身份证照片。	注册时使用，保证照片清晰，提交审核。
3.	准备好企业微信公众账号昵称。	审核后填写，建议5个文字以内，如星巴克微信公众账号昵称为“星巴克中国”。
4.	准备好账号的功能介绍。	审核后填写，20个文字以内，可以是公众账号的服务内容或品牌广告语。
5.	准备好微信号。	创建后设置，必须以字母开头，可以包含字母、数字、下划线“_”和减号“-”，6~20个字符。确认微信号时，请先在微信里搜索一下该号是否被使用（设置后不可更改）。
6.	准备好微信头像。	创建后设置，建议使用品牌LOGO，尽量高清，注意圆图。
7.	准备好认证信息。	创建后提交，24个文字以内，可以是品牌商家介绍内容。

［注］从注册到正式开通，大概有两个工作日的审核时间，请合理安排进度，只要提供资料完整，一般情况下大约两个小时就可注册成功！

这里列举3个示例。

示例1：微信账号昵称、微信号、功能介绍、微信认证，如图1-4所示。

图1-4　微信公共号简介

示例2：运营负责人微信号绑定运营者名字的银行卡（用微信号扫描二维码），如图1-5所示。

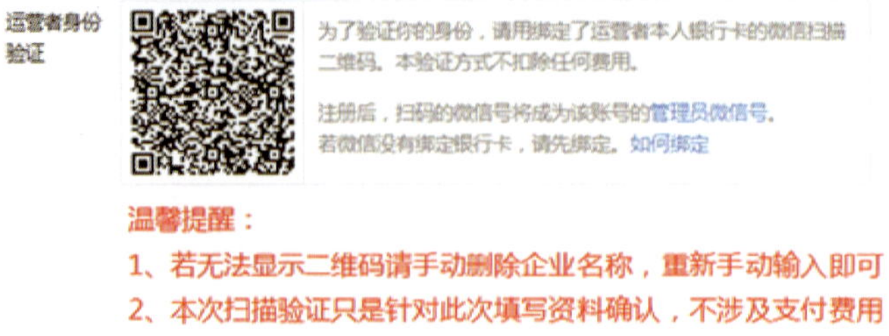

图1-5　扫描二维码

示例3：微信公众号头像，如图1-6所示。

图1-6　微信公共号头像

1.2.2　公众号的注册流程

步骤一：登录网站https://mp.weixin.qq.com，点击右上角立即注册，如图1-7所示。

图1-7　微信公共号注册

步骤二：填写基本信息，点击注册，并进入邮箱激活，如图1-8所示。

图1-8　填写基本信息并激活邮箱

步骤三：进行企业信息登记（注意类型要选企业，按要求提交信息，等待审核），如图1-9所示。

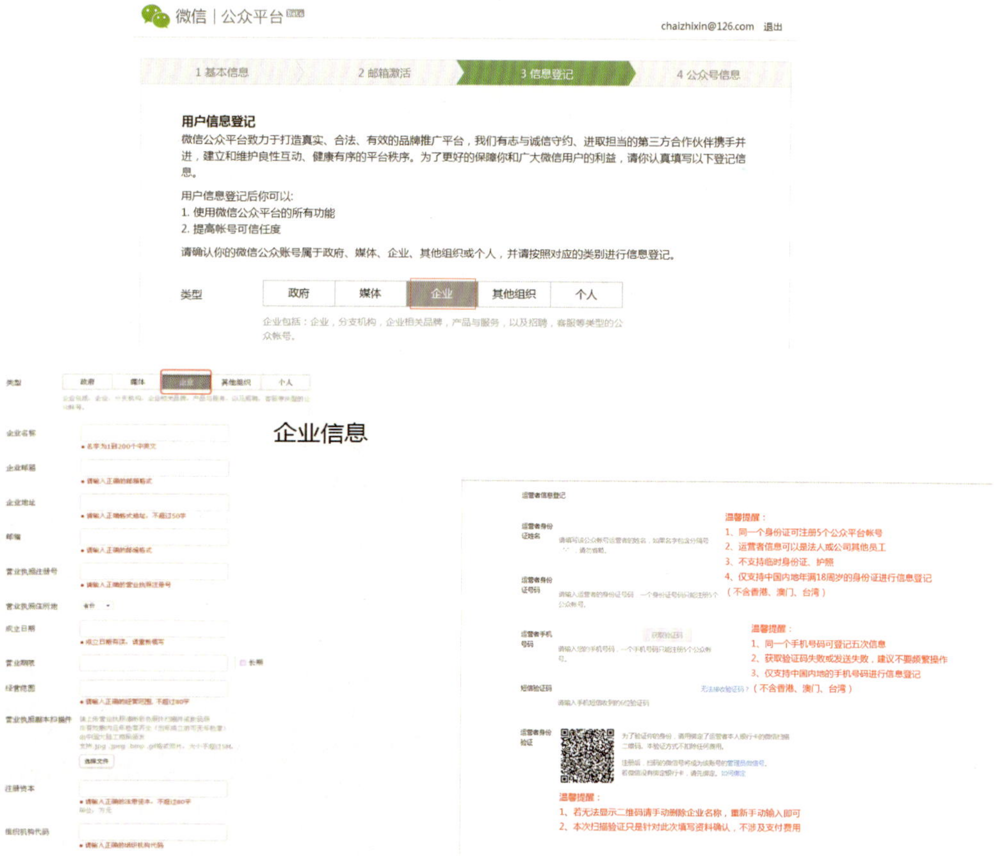

图1-9　注册填写信息

［注］信息提交后，微信将会在两个工作日内进行审核 。

步骤四：选择服务号、订阅号或企业号，如图1-10所示。

图1-10　选择公众号类型

［注］注册账号类型选择之后不可进行更改，请仔细核对后再确认。

步骤五：审核通过后填写公众号信息（账号昵称，功能介绍，选择中国、简体中文、普通公众账号），如图1-11所示。

图1-11　账号基本信息

确认并继续申请，如图1-12所示。

图1-12　确认公众号类型

步骤六：选择主体的类型。

填写企业名称、营业执照注册码，上传营业执照扫描件，填写法人身份证号码、运营人身份信息、手机号码。用绑定运营人姓名的微信号扫描，如图1-13所示。

图1-13　运营者信息

主体提交后无法修改，如图1-14所示。

图1-14　主体完成

步骤七：公众号信息设置，填写账号名称、功能介绍、运营地址，如图1-15所示。

图1-15　公众号信息

步骤八：微信公众号创建完成，如图1-16所示。

图1-16　公众号创建完成

1.2.3　申请微信支付认证流程

审核通过后，进入认证流程。

1. 申请微信认证入口

步骤一：首先可以看到一个服务号申请完成后的页面，接下来开始认证，点击红色箭头指向的位置，开始验证，详情如下，如图1-17所示。

图1-17　微信认证

步骤二：点击“微信认证”进入认证界面，点击申请按钮，如图1-18所示。

图1-18　申请微信认证

点击开通，这里需要验证运营者信息，有两种选择：一是电话号码发送验证信息，二是姓名和身份证号码验证。

2. 申请微信认证操作流程

步骤一：签署《微信公众平台认证服务协议》，勾选同意，点击下一步，如图1-19所示。

图1-19　微信认证协议

步骤二：填写资料，选择认证主体类型，提交相应的认证材料，如图1-20所示。

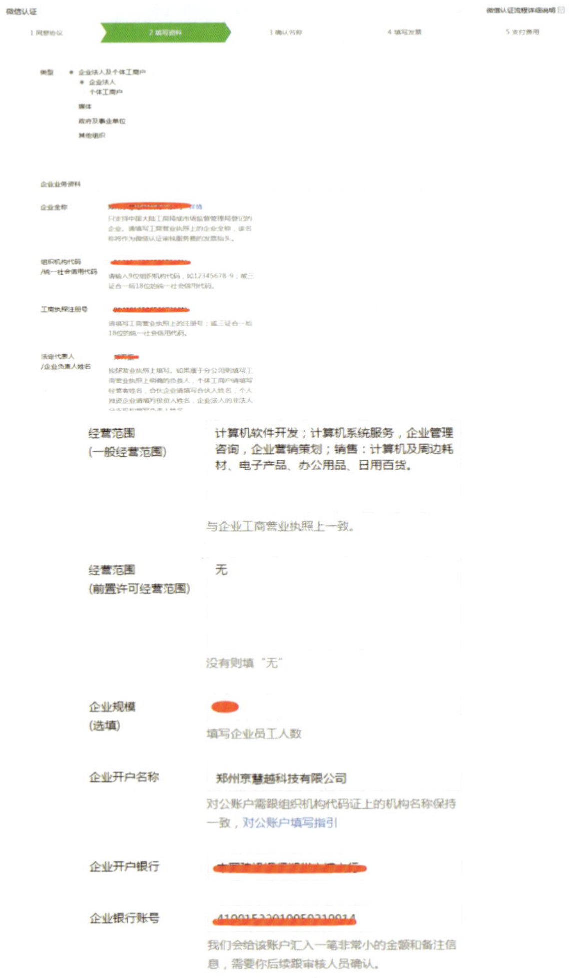

图1-20　微信认证步骤

（1）选择完类型后进入填写认证资料页面，各类型需要提交的资质材料包括但不限于：

企业请提交“组织机构代码证”“企业工商营业执照副本”；香港公司请提交“公司注册证书”或“商业登记证”；澳门公司请提交“经济部公司执照”或“经济部工厂登记证”。外国企业常驻机构请提交“外国企业常驻代表机构登记证”；港澳台公司请提交“公司办公电话对账单”。

（2）企业开户银行（对公账户）为必填项，在认证过程中，为了验证认证主体（企业、媒体）的真实性，第三方审核机构会向申请者填写的对公账户进行小额打款，并在打款时附上备注信息，申请者在收到打款后，将收款的回执证明及时通过微信公众平台认证的补充材料页面提交审核（第三方审核机构会在电话沟通过程中指导您如何提交）。

请务必如实填写，以免影响认证结果。

步骤三：选择命名方式，并提交相关资料，如图1-21，表1-2所示。

图1-21　确认微信认证名称

表1-2　微信认证名称命名方式

命名方式	上传资料	认证名称举例
基于公司简称或机构简称。	无。	1. 腾讯客服（“腾讯”为腾讯深圳科技有限公司的简称）。 2. 湖南卫视（电视台的机构名称）。 3. 广州公安（机构名称）。
基于网店店铺名称。	无。	认证名称举例：慧农公社。
基于商标名称。	已注册商标请提供“商标注册证书”，使用他人注册的商标的还需提供商标所有者的商标授权书，已申请的商标请提供“商标受理通知书”。	认证名称举例：沃俱乐部（“沃”为商标名）。
基于地产楼宇名称。	需提供“建设工程规划许可证”或“商品房预售许可证”等证件证明。	认证名称举例：南方通信大厦。
基于电话号码。	对于公开大众明确的客服电话可以不用证明，其他需要提供电信的电话号码所有权证明以及最近3个月内的电话账单和发票。	认证名称举例：95555（“95555”为招商银行的客服热线）。
基于网站名称或域名。	无，但该网站/域名必须通过安全联盟对网站的认证，且ICP备案证明该单位拥有网站的所有权。	认证名称举例：腾讯网。
基于iOS 的 APPstore 中的APP 名称。	无。	认证名称举例：Wechat。
基于其他命名方式。	需提供有权使用该名称的相关行政或法律证明文件，腾讯及第三方审核机构审核后确定。如：超过1000人大型群众活动命名，需提供“大型群众性活动安全许可”。	

步骤四：核对信息。

对于之前填写的公司信息以及运营者信息进行核对，如果有问题可以返回上一步修。

步骤五：填写发票信息，如图1-22、1-23所示。

图1-22　企业认证资料

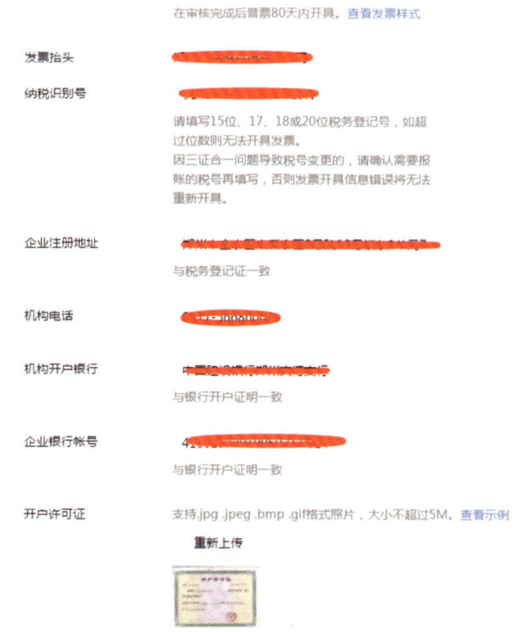

图1-23　填写发票信息

步骤六：支付审核费用。

申请微信认证需支付300元/次的审核服务费用，这是用户基于腾讯提供的资质审核服务而支付的一次性费用。目前只支持微信支付，支付过程如图1-24所示。

图1-24　支付认证费用

步骤七：支付完成后，进入认证审核。

页面上会公布第三方审核公司的热线电话，在审核过程中该公司将有可能与你联系沟通，如果在审核过程中遇到问题，可以拨打该公司的热线电话进行咨询，如图1-25所示。

图1-25　支付完成

1.2.4　公众账号的认证信息如何显示

认证成功的公众账号，会在账号详细页面展示认证标识。

点击认证详情可查看主体信息，如图1-26所示。

图1-26　公众号认证显示标识

1.2.5　开通微信支付

（1）申请条件。

公众号为服务号，且为企业、媒体、政府或其他组织类型。

已通过微信认证。

（2）微信支付需准备材料。

申请微信支付，包括微信认证已提供的资料外，你还需要提供以下材料：联系人姓名、手机号码、常用邮箱；公司网址（非互联网公司可不填）；商家名称（将用于对外展示）；售卖商品描述（140字以内）；客服电话。

（3）登录微信公众平台，打开左边菜单："微信支付"→"开通"，如图1-27所示。

图1-27　申请微信支付

（4）按照页面提示填写联系信息、包括联系人姓名、手机号码、常有邮箱、商户简称、经营类目（经营类目根据自己营业执照上经营范围进行添加），如图1-28所示。

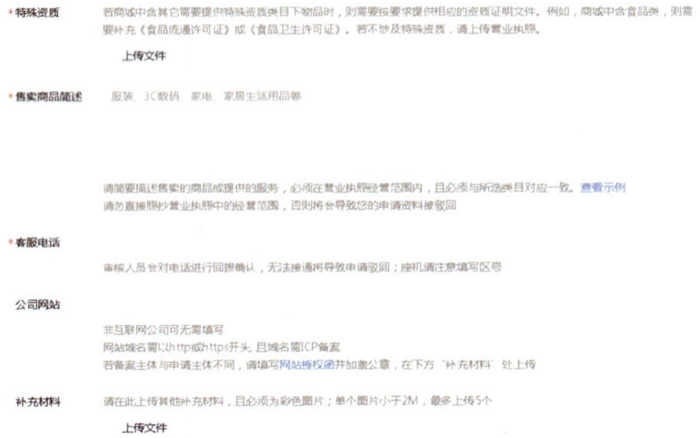

图1-28　微信支付资料信息

（5）确认商户信息。商户信息包括之前微信认证时上传的基本信息，如图1-29所示。

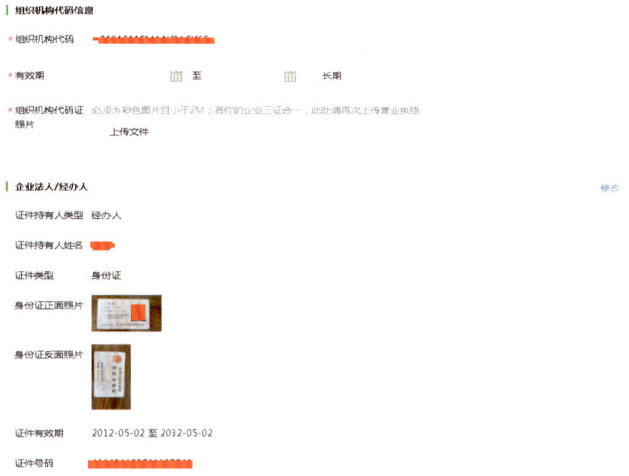

图1-29　商户信息

（6）填写结算账户。开户名称必须和申请支付的主体名称一致，所有信息填写好后，查看信息无误后确认提交，如图1-30所示。

图1-30　结算账户信息

（7）账号验证。审核成功后会向申请人的邮箱中发一封邮件，有商户信息。登录商户平台网站填写给对公账户打的小额款项，如图1-31所示。

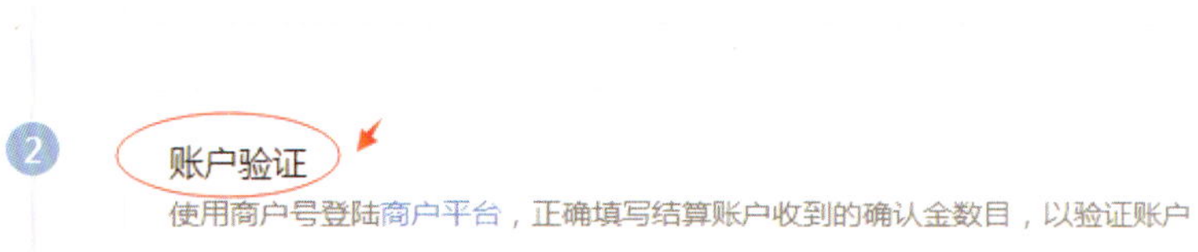

图1-31　账户验证

（8）签署协议。确认商户信息，在线签署《微信支付服务协议》，开启结算，如图1-32所示。

图1-32　协议签署

（9）申请成功，可进入公众平台配置，如图1-33所示。

图1-33　申请成功

本章要点

（1）了解微信公众号的区别与注册。

（2）选择好公众号类型，填写相应资料并注册。

（3）掌握微信认证企业所需的资质。

SECOND

02

第2章 微信公众账号的设计与规划

※ 你的企业是否适合做微信营销

※ 微信公众账号的取名技巧和忌讳

※ 微信商业文案该如何设计

※ 微信公众账号认证过程的注意事项

2.1 你的企业是否适合做微信营销

2.1.1 是否能增进与老客户关系，并提高老客户订单数

现在几乎人手一部智能手机，电商利用移动终端与客户保持良好关系，看似合情合理，不用多言。那么传统行业呢？以美容院为例，将微信二维码粘贴在橱窗，店内的顾客都可以见到“扫描二维码下次享受8折优惠”，如此轻松的程序，顾客怎会放过。如此一来便积累了一批高质量有效活粉，定期为客户提供美容健康知识、季节注意事项及店内促销活动等。不仅通过无微不至地服务获得了顾客的良好口碑，还大大增加了顾客的消费频率，提高客户订单量。

2.1.2 是否能找到潜在人群，带来新客户

发展新客源对企业来说就是未来。那么到哪去开发新客源？用什么方法取得他们的信赖与垂青？什么是最节省成本呢？也许有的老板会说，我的潜在客户在每日川流不息的地铁里；在晚间八点档的电视机前；或在午后那一缕阳光与文字共舞的报纸前……没错，他们确实是您的客户，但在上述时间与空间内创造营销经典的思维模式，却早已被新型社会所淘汰，属于这个时代，更具性价比的营销模式，是网络营销中讲究的精准与互动行为。

E时代，有效吸引新客源的至尊法则可以精炼为六个字：“有互动、够精准。”“有互动”讲的是服务的内容是否讨客户喜欢；“够精准”则决定了您服务的最终效果，是否将服务内容成功送达目标受众，而不是对牛弹琴，或者是投放了广告却流失了大量广告费。

2.1.3 是否能提高客户体验，简化运营流程，提高时间成本

上面说过了微信营销的重要性，那么如何正确使用微信，使理论转化为实际利润呢？老生常谈的答案就是重视客户体验。微信作为比较新的一种营销载体，对使用人群的心理、行为习惯分析越细致、全面，胜算就越大。比如慧农公社是以健康食品供应链为主的公众号，其受众人群一般为喜欢健康养生，快捷方便的人群，那么发布一篇推送文章为“你了解真的鲜榨营养果汁吗？”就会很受客户的欢迎，客户体验度自然会逐渐上升。之后在文章内容巧妙地融入“想要健康饮食，请选择我们的产品吧，告别激素饮料，让身体零负担”。

2.2　微信公众平台运营新手都需要做什么

2.2.1　内容和语音相互结合

如果条件允许的话，用语音是挺好玩的一件事情。

2.2.2　互动

微信不是报纸，微信的天然属性是私密社交，那就和你的粉丝私密互动吧！或者建群，或者后台回复，或者加好友。

建议：推送文章后面加上讨论环节，创造可以跟读者沟通的话题或者加上自己的微信号、QQ号等信息。

微信群、QQ群和QQ空间一起使用，达到的效果会更好。

2.2.3　让用户形成习惯

一旦用户不断地阅读公众号的内容，就会对公众号形成依赖，要让用户产生依赖，就要注意推送的时间，每天都要按时推送内容，假如每天推送内容的时间为6点15分，那么一定要在6点15分推送给用户。还要注意推送内容的间隔天数。例如，每两天推送内容一次，那么一定要过两天就推送内容，这样用户就会形成习惯，到了时间就会主动去阅读公众号里面的内容。

2.2.4　打造完美的阅读

排版，不要在文章后面贴上一个大大的微信二维码，没啥用。要设计一张精美的图片让大家去分享。

2.2.5　整合内容

每一个公众号都需要优质的内容，才能吸引更多的用户关注公众号，所以可以跟写原创文章的作者相互合作，你帮助他们推广文章和公众号，他们也帮助推广你的公众号，你写一篇文章就拥有了10个甚至100个发布平台，通过相互整合内容，放大了你创作内容的价值。

同时等于您是请了10位或100位作者帮助你运营公众号，用户数据库也会做大10倍甚至100倍。

2.2.6 坚持

做微信见效很慢，粉丝沉淀就要花很长时间，通常需要3个月沉淀的时间，才能收到一些效果和利润。内容运营一定要坚持，不能三天打鱼两天晒网，这样读者会感觉到你对公众号运营一点不用心，就会取消关注，如果你长期坚持发布内容，一定可以得到读者的认可，这就是水滴石穿的道理。

你写一篇文章，读者不一定认可你，可是当你写到50篇至100篇的时候读者才有可能认可你。

2.2.7 简单就是力量

不要把自己的微信公众账号变成万能的功能应用，免费听音乐、机器人陪聊这些功能只会淡化企业核心价值，删掉这些功能，简单就是力量。

当然也要根据不同账号属性和定位去做，有些账号，特别是企业账号，用第三方开发平台功能还是相当不错的。

2.2.8 篇幅

发布文章不一定要长篇大论，最好能引发读者的思考，一般篇幅在三五百字。

这个看情况而定，一般读者是碎片化时间，但是有价值的文章一般都很长。

2.2.9 以微信观微信

关注竞争对手的微信，如果你关注了50个竞争对手的微信，就会有50个账号在教你怎样做好微信营销。你要做的就是优化他们所有的方法。记住：竞争对手是最好的老师。

想做好SEO（Search Engine Optimization，搜索引擎优化），那就紧盯着百度自然搜索排名在你前面的一个网站，想做好微信，那就搜索和你定位相同的账号，关注前50个，然后看他们是怎么做的。

2.2.10 关于原创

如果会原创，请不要放弃写作；如果不会原创，请多看行业文章；如果不会原创还想达到原创效果，请在别人的文章后面加入自己的观点，并引发读者讨论。

2.2.11　有效交流

千万不要一个人坐在家里学习微信营销，要经常去一些微信营销的qq群或贴吧，看一看大家都在聊什么，在这些群里你能学到很多东西。

2.3　微信公众账号的取名技巧和忌讳

2.3.1　微信公众账号起名的七种技巧

一个好的公众账号需要优质的内容或者创新的策划与服务，如图2-1所示。但是一个好的名字就能体现出来你的公众号的价值、服务、内容、范围、行业等信息，让感兴趣的人快速关注。不过目前而言，微信取名的方式也无非就是以下七种形式。

图2-1　微信公众号“慧农公社”

1. 直呼其名

直接以企业名称或者服务、产品名称作为微信公众号名称。比如，我们最熟悉不过的天猫、杜蕾斯、大众点评网、慧农公社、京慧越科技等。

2. 功能实用法

这种形式可以直接将公众号的用途和服务展现出来，让用户更了解你的平台。比如，慧农公社，就是以健康农产品供应链为主的；酒店助手，用途就是订酒店的；还有欣欣旅游，就是推荐旅游的；微生活会员卡，就是商家会员卡一站式平台。

3. 形象取名法

将企业形象化或者是服务产品形象化的一种手法，把具体的事物或者抽象的事物形象化，可用拟人、比喻等手法。比如，篮球公园，是篮球体育资讯的微信公众号；电影工厂，帮你最快发现想看的电影，等等。

4. 采用垂直行业取名法：行业名+用途

典型的微信公众号有：电影商学院、微法律、豆瓣同城、百度电影等。

5. 提问式取名法

以问题的方式，提问的方式取名，引起关注者的兴趣。比如，今晚看啥，帮你发现喜欢的电影。

6. 另类取名法

这类公众号一般都是朝着新鲜、好玩、有趣、有料的形式去的。比如，小道消息、Mac技巧、冷笑话精选等。

7. 百科取名法

百科取名的方法范围比较广泛，为人所熟知。通过这个就会在微信搜索中获得很多的粉丝。比如，糗事百科、健康生活百科、时尚生活小百科等。

2.3.2 微信公众账号取名三大忌讳

1. 切勿使用生疏、冷僻词汇

微信属于封闭的模式，大多数的用户除了分享和关注线下推广的平台外，很多人还是喜欢搜索关注，如果你的词汇生僻、冷僻，那很少会有人搜，也很少会有人记得住。比如，“知了树”的名字，除非你已经做成品牌，或者是你的内容非常的精彩、精辟，转发率非常高，否则很难被用户搜索关注。

2. 切勿使用宽泛词汇，切勿使用大量的群体词汇

宽泛的词汇不但显得让你的平台不够专业，还无法准确锁定客户。比如，你起一个“美食”名字显然没有“河南美食”好。不过具体还要以行业而定。就像SEO一样，取名力求有人关注，除非你已经是品牌。

3. 必须考虑社会接受程度和风俗

当下社会所能接受的程度和一些地域性的风俗我们也得考虑。比如，中国人虽然开放，但是比起西方国家还是有区别的，如果你建一个性爱交流微信公众号怕是有的家长就要砸你的牌子了。还有回族人一般不吃猪肉，如果你在回族社区建一个区域性的卖肉的微信，而且还是卖猪肉，那你完了，摊上事儿了。

2.4 微信商业文案该如何设计

文案的重要性相信大家都知道，一个好的微信文案能引发粉丝的好奇心，分享转发，参与互动以增加产品或品牌的曝光率，甚至还能够在线促成销售。要想把客户关系维护好、管理好，并不容易，文案是需要根据网民的心理特点来设计的。那么该如何去设计呢?

2.4.1 被关注自动回复

粉丝关注你之后，系统会自动回复客户，如图2-2所示。刚开始关注的时候粉丝必定有些好奇心，那么不妨抓住这个好奇心来写下这个回复的内容，把握好这个设计入口，然后结合自己微信的内容去定位。

当成功关注某个公众号之后，就会自动收到一条信息：您好，感谢关注某某公众号！像上面这句话，就感觉没什么特色了，粉丝不一定能够记住你。那么要怎么写这个自动回复的内容呢?个人觉得可以写点自我介绍或者是一些重要信息的入口。

一是发布账户简介，就是告诉用户我是做什么的，这个就是定位，让用户知道你是谁，你能做什么，定位清晰；二是引导阅读新历史消息，这样更加方便用户查询到自己所感兴趣的内容，简洁高效；三是精选文章关键词引导，栏目优选文章引导；四是数字快速查询引导，一般的说法就是回复几，就给你看某某文章之类的用语；五就是最下面的菜单引导查询了。想想如果是这样设计，用户进来之后，是不是就一目了然呢?

图2-2　公众号自动回复内容

2.4.2　消息自动回复内容

消息自动回复功能就是在无人值守的情况之下用到的，就相当于24小时值班机器人一样，只要粉丝在微信上和你说话，就会弹出消息进行自动回复。就好像QQ的那个自动回复一样，QQ常见的自动回复内容是：“你好，我现在有事不在，一会再联系您。”而在微信系统当中，这个自动回复的内容是可以自己在后台进行设置的，不过系统限定一小时只自动回复一到两条内容，这个功能比较适合晚上无人值班时来使用。

2.4.3　关键词自动回复

这个功能就是相当于智能机器人了，针对粉丝最可能咨询你的问题或者是相类似的问题，这样可以设置一批关键词自动回复，也可以减轻人工回复的工作量。关键词是多样变化的，甚至可以成为玩游戏、猜谜语、互动竞猜的一种有效互动方式。关键词应该设置的是用户感兴趣的内容，根据内容引导到相应的页面完成后续的在线销售。

当然了，如果你觉得自身有条件的话，回复内容不仅仅限于文字，可以是一段语音，一张图片，一篇文章，一个有趣的游戏，或者视频，只要你能激发用户的兴趣来参与就可以了。像逻辑思维，每天早上都会发一段语音出来，然后配备了关键词，只要粉丝按照要求响应了关键词之后，就会自动收到对应的一篇文章出来给你看。一般的用词就是回复“某某词”就给你看什么文章之类的话语。

2.4.4　标题的设计方法

据有关数据表明，50%的网民和粉丝只看标题内容或者摘要，而不去点击详情内容。70%的网民根据标题或者摘要内容来决定要不要继续阅读下去。在互联网信息时代，每天我们都会看到各种各样的信息资源，要想脱颖而出，个标题的设计就显得尤为重要了。

常见的标题写法有哪些呢？总结下来有这么几种方式：

（1）超直接的标题，喜欢就转走吧。

（2）纯忽悠式的标题，比如，进来后会给你看到惊喜之类的。

（3）数字式的标题，8个快乐的好习惯，10个小妙招之类的。

（4）如何式的标题，这样的方式在网络上比较常见，比如如何学好微信开店？

（5）提问式标题，提问能引发人的思考和好奇心，诱惑读者点击，进一步看看到底是怎么一回事。

2.4.5　图片的设计思路和作用

俗话说眼睛是心灵的窗户，事实上人是用视觉形象在观察世界的。所以一副好的图片能引发读者的好奇心，引导读者进一步看下去。图片的类型主要有三种：照片、图画和图表。

那配图到底有什么作用呢？

有图有真相，增强真实性和说服力，用户能够感受到真实存在，提升可信度。

强大的视觉冲击力，增强文章的力度和可读性，同时也增加了阅读的趣味性。

一图胜千言万语，简单明了，可以传递出最关键的信息给受众。

看下面这个例子，如图2-3所示，紧扣主题，让文案更加有说服力。

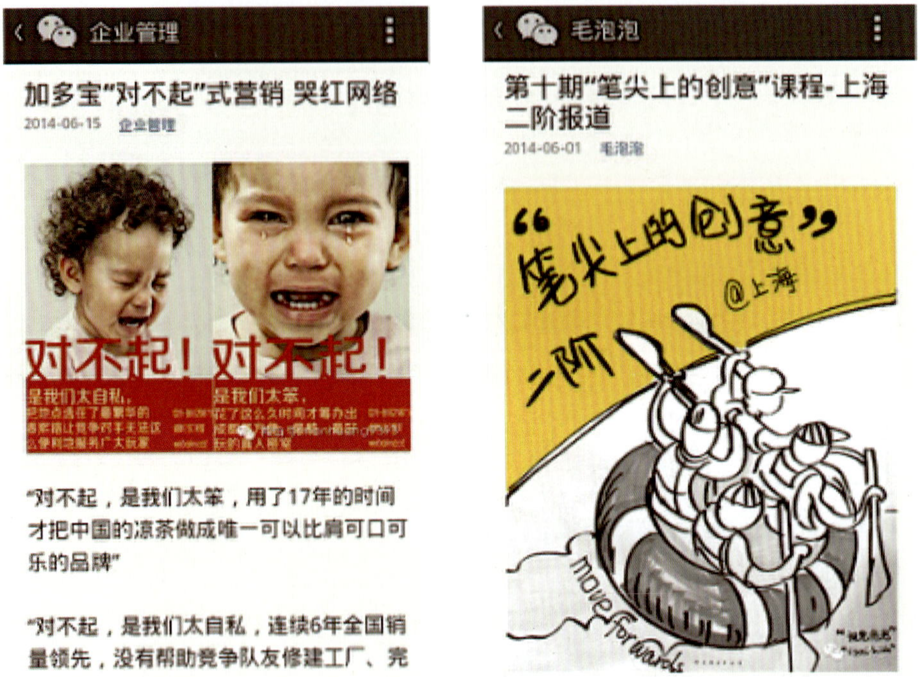

图2-3　图文内容

2.4.6　文章内部诱饵的设计

文章内部诱饵设计就是引导用户继续看下去的作用，或者增加一些互动黏性。那么一般有哪些诱饵设计呢?

常见的采用形式主要有：有奖问答，趣味小测试，活动报名，投票调查，秒杀抢购，刮奖或大转盘之类的互动玩法，满足粉丝的好奇心，显得更加公平和公正。

下面这个图片用的就是送福利和活动报名的方式，如图2-4所示。

微信商业文案主要包括：从规则的合理设计引导用户，然后再到标题的设计思路和方法，最后到图片的设计和内部诱饵的设置，其实这些辅助的方法都是想办法来提高图文的打开率或转化率，个人认为文案的核心还是其内容，抓住用户的需求去做好设计，让用户拥有参与感，当用户喜欢了，至少是成功了一半。

图2-4　内容诱饵

2.5　微信公众账号认证过程的注意事项

2.5.1　注意事项

1个身份证只能注册5个微信公众号；运营者可以一个人管理多个公众号；1个公司证照可以认证50个公众号；网易邮箱可无限注册；用不同人的身份证注册微信公众号后，一定要记得把管理员改成自己，不然后期根本不能发布信息，每一次群发信息，都需要管理员扫码，才能发信息。

2.5.2　客服主要问3个事

公司注册地址；公司法人是谁；运营者的身份证号。

注册是一个阶段，用一个人的身份证注册，填完信息，银行打款后，再填信息，这个人就是运营者，而非注册人。后期所有的微信认证表格全部可以填这个人的。这个人就是运营者。

微信订阅号认证依然需要企业资质。

本章要点

（1）规划好微信公众号的设计理念与思路。

（2）公众号起名技巧。

（3）微信认证注意事项。

THIRD

03

第3章 微信公众号的基础管理

※ 微信自定义菜单

※ 微信图文制作

※ 软文撰写

3.1 微信账号设置的基本规则

3.1.1 头像问题

（1）圆头像用于用户个人关注展示。

（2）方头像用于跟用户聊天中显示。

（3）头像每个月可以修改5次，修改后请在24小时内留意。

（4）图片支持的格式为：bmp、jpeg、jpg、gif。

［注］头像可以修改但无法删除、屏蔽。用户搜索公众号时会根据用户的网络情况有一定的读取时间（未读取成功会暂显示一个灰色人形图像）。账号详情界面可修改公众号头像，如图3-1所示。

图3-1　账号详情界面

3.1.2 名称修改问题

公众号名称一经设置不允许修改。建议您可以通过微信认证，在认证过程中有一次重新提交命名的机会，如果认证账号未到年审时间，支持提前认证（微信认证审核服务费用300元/次，且必须符合微信认证命名规则。）

3.1.3　修改绑定邮箱问题

（1）微信公众号注册/登录邮箱修改后，之前使用的邮箱可以注册其他的微信公众账号。

（2）微信公众平台若之前是使用QQ号码注册的公众号，登录方式升级成邮箱后，此QQ号码可以重新注册个人微信号。

3.1.4　微信号设置

（1）微信公众号允许设置1次微信号，设置微信号后将无法修改。

（2）目前微信号不支持设置为中文账号，是以字母开头的账号（可以使用6~20个字母、数字、下划线和减号，必须以字母开头）。

（3）微信公众平台设置的微信号与手机微信个人账号是互通的（比如，公众号已经设置了该微信号，通过手机微信个人账号设置该微信号，会提示“该账号已被占用，或被其他人注册”）。

3.1.5　功能介绍修改

微信公众平台功能介绍的修改方法如下：

请登录微信公众号 → 设置 → 账户信息 → 功能介绍 → 修改，输入您需要修改的内容后确认即可（功能介绍需在120个汉字或120个字符以内）。

温馨提示：一个月内功能介绍可以申请修改5次。

3.1.6　绑定/同步微博规则

（1）目前该功能正在优化调整，暂不支持绑定。

（2）如果您已经绑定了微博，仍可以将群发消息，同步到腾讯微博，但解绑微博后将无法再重新绑定或同步，还请您谨慎操作。

（3）绑定腾讯微博后，您可以将群发消息，同步到腾讯微博。（勾选“同步群发到腾讯微博”即可）

3.1.7　二维码问题

（1）微信公众号二维码尺寸都是430×430，如需放大或缩小，可点击更多尺寸，选择相应尺寸下载即可。

（2）微信公众平台二维码由系统自动生成，暂不支持修改。如需修改二维码中间的照片，可直接更换头像，修改二维码中间的照片或者账号信息变更都不影响原二维码的正常使用。

3.2 微信自定义菜单

3.2.1 自定义菜单介绍

微信公众账号可以在会话界面底部设置自定义菜单，您可以按需设定菜单项，并可为其设置响应动作。您可以通过点击菜单项，收到您设定的消息，或者跳转到设定的链接。

自定义菜单申请方法：进入微信公众平台 → 功能 → 添加功能插件 → 自定义菜单。

微信公众平台自定义菜单设置方法：进入微信公众平台 → 功能 → 添加功能插件 → 自定义菜单 → 添加菜单 → 点击“+”添加子菜单 → 设置动作 → 发布。

（1）最多创建3个一级菜单，一级菜单名称名字不多于4个汉字或8个字母。

（2）每个一级菜单下的子菜单最多可创建5个，子菜单名称名字不多于8个汉字或16个字母。

（3）在子菜单下设置动作，可在“发布消息”中编辑内容（文字中可输入600字或字符），或者在“跳转到网络”中添加链接地址。

温馨提示：编辑中的菜单不会马上被用户看到，发布成功后，会在24小时后在手机端同步显示，粉丝不会收到更新提示，若多次编辑，以最后一次保存为准。

3.2.2 微信公众平台自定义菜单设置页面

（1）登录微信公众号，点击左侧“ 自定义菜单”，如图3-2所示。

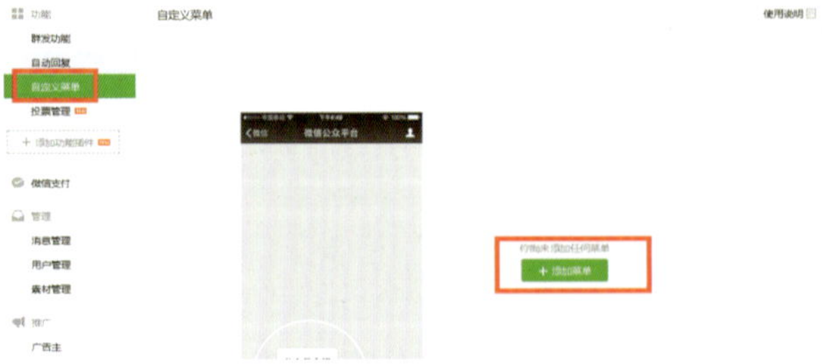

图3-2　自定义菜单

（2）添加一级菜单（注意：最多可创建3个一级菜单），如图3-3所示。

图3-3　一级菜单

（3）二级菜单添加（注意：每个一级菜单下可最多创建5个二级菜单），如图3-4所示。

图3-4　二级菜单

（4）菜单内容设置，设置菜单的时候我们可以选择菜单内容，属于发送消息，还是直接跳转网页，如图3-5所示。

图3-5　菜单内容设置

自定义菜单添加完成后，需要我们保存菜单结构。发布即同步到公众账号手机端，用户在24小时内都将更新（一般几十分钟后就会更新）。

【注】想让微信菜单生效，一级菜单设置好之后，二级菜单必须添加图文内容，菜单才能及时生效。

3.3 微信图文制作

3.3.1 素材管理

微信公众平台可以群发的消息类型为文字、语音、图片、视频、图文消息，除了文字可以在群发消息时直接生成，其他四种类型都需要先在素材管理里生成原始素材，如图3-6所示。

图3-6　公众号群发

3.3.2 图文编辑

1. 图文类型

图文消息有两种形式，一种是单图文消息，一种是多图文消息。

（1）单图文消息编辑。

主要由标题、封面、提要、时间组成。

这个页面主要是用来管理微信公众平台的图片、声音、视频和图文消息内容的。

新建单条图文消息，如图3-7、3-8所示。

图3-7　新建图文消息

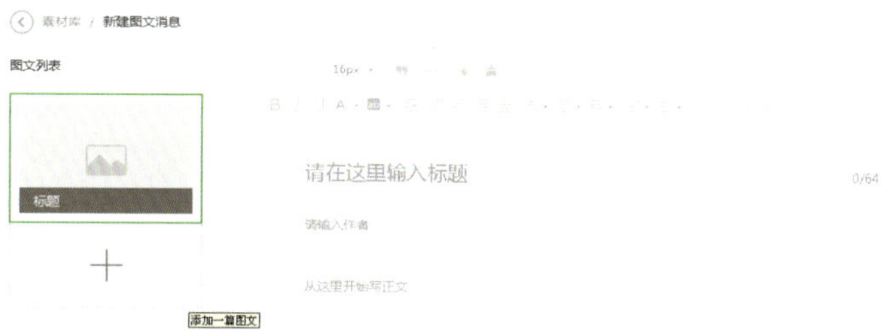

图3-8　单条图文消息界面

① 图文消息预览区。

可以让作者看到最终发到用户手机时的效果，但是封面图片的展示和最终效果可能会有一些差别。

② 文章标题。

文章标题力求抓人眼球，因为当消息推送到用户手机上，用户的对话栏里最先显示的是文章标题。

③ 封面图片上传。

选图尽量与文章主题相关，同时要符合公众账号定位，少用卡通漫画等抽象形式。 注意图片要选择横方图，即宽度大于高度的，或者用多张竖长图做拼图也可以。如果图片里有人物，要避免人的头部被切去。

④ 文章摘要。

关于文章的一些简要说明，可以挑选文章的中某段比较精辟的话，长度不能超过120个汉字。

⑤ 编辑器工具栏。

从左到右的功能分别为：加粗、斜体、下划线、编号列表、符号列表、图片上传、样式清除、字体大小、字体颜色、字体背景。使用方式跟其他的后台编辑器一样。

⑥ 内容编辑框。

编辑的内容所见即所得，图片会自动缩放至合适宽度，鼠标右键会有菜单出现，可以调整段落左对齐、居中、右对齐，还可以插入表格。

⑦ 原文链接。

这是一个微信群发消息里唯一可以加外链的地方，很多公众账号现在都是在微信的模板里放部分内容，全部内容必须点击原文链接才可以阅读，是个导流量的好方法。

⑧ 发送预览。

这个按钮非常有用，点击后会出现一个对话框，输入自己的微信号，点击确定后手机会收到一条图文消息，内容格式与群发消息时用户收到的一样，可以用来检查标题、图片等格式是否正确，检查内容排版上是否有问题。由于微信的缓存机制，有时候会发现预览的消息和之前一样，过段时间再发次预览就刷新了。

⑨ 完成按钮。

保存文章退出编辑模式。

（2）多图文消息编辑。

① 头条图文消息预览。

头条图文消息预览跟单条图文消息预览非常像，如图3-9所示。不同的是没有文章摘要区域，文章标题层叠在封面图片上。当鼠标移动到封面图片时会出现遮罩层，点击后右边的编辑器会指向头条位置，可以进行头条消息编辑。

图3-9　多图文消息

② 列表图文消息预览。

这里的形式就跟网站的文章列表一样，只显示缩略图和文章标题。当鼠标移动到该区域时，会出现遮罩层，点击后分别执行编辑该条消息和删除该条消息。

③ 添加一条图文消息。

点击后在尾部添加一条新的图文消息，最多可添加7条，加上头条图文消息一共是8条。

④ 多条图文消息编辑器。

少了摘要输入框，其他与单条图文编辑器是一样的，在使用中同样要注意标题长度、图片尺寸、文字内容等。编辑器会根据左边的选择，自动切换消息内容，同时箭头指向相应的图文消息。

2. 微信编辑器使用

微信编辑器使用，如图3-10所示。

图3-10　微信编辑器

> ［注］为了微信图文编辑更方便，可以使用自带微信公众号编辑，也可以百度搜索“96微信编辑器”“秀米编辑器”“图文编辑神器”“91编辑器”等。

以96微信编辑器为例，先在百度搜索96微信图文编辑器，如图3-11所示。

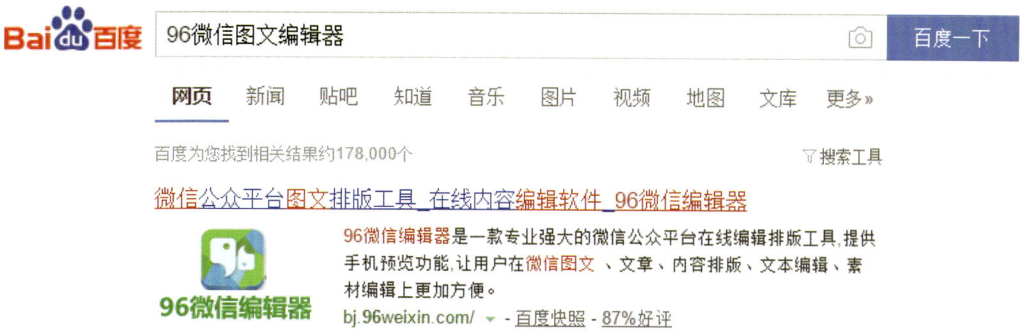

图3-11　搜索96微信图文编辑器

（1）点击关注样式选择，如图3-12所示。

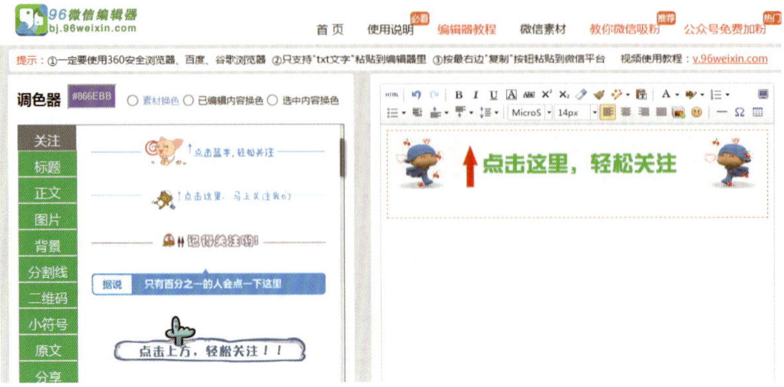

图3-12　点击关注样式选择

（2）微信标题样式选择，如图3-13所示。

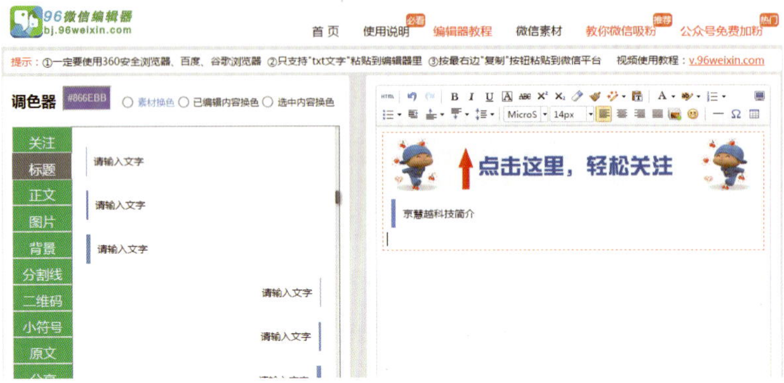

图3-13　微信标题样式选择

（3）正文样式选择，如图3-14所示。

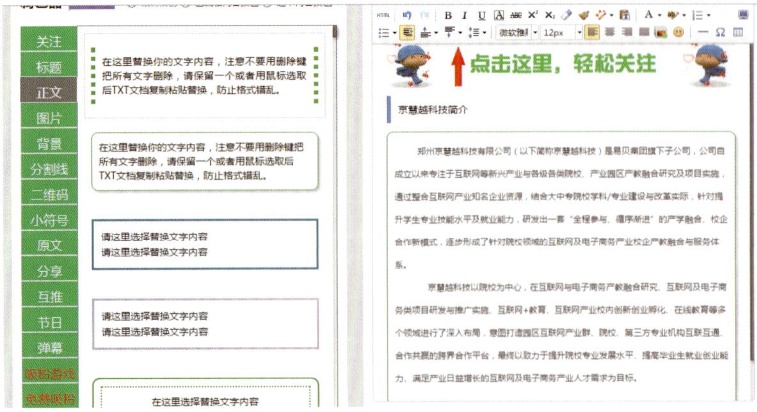

图3-14　正文样式选择

（4）微信图片样式选择。图片模式选择后，后期微信后台做更改，如图3-15所示。

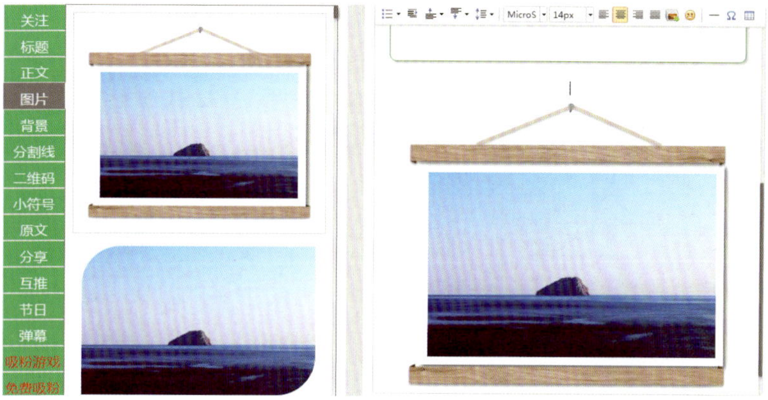

图3-15　微信图片样式

（5）微信背景样式选择，如图3-16所示。

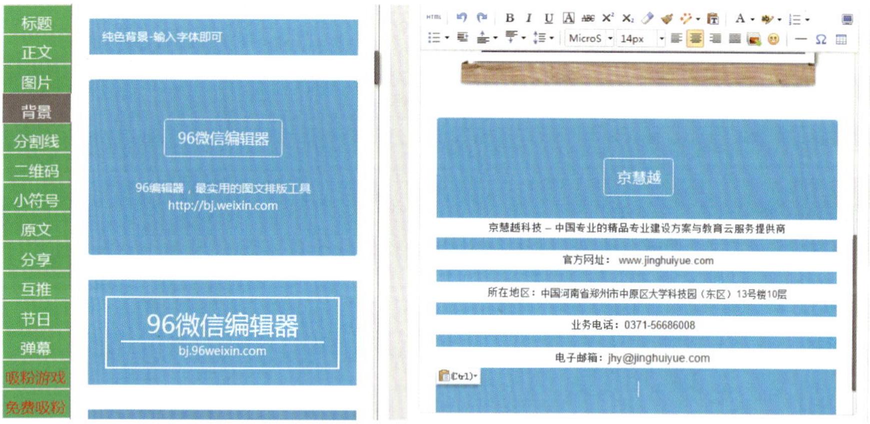

图3-16　微信背景样式

（6）微信分割线样式选择，如图3-17所示。

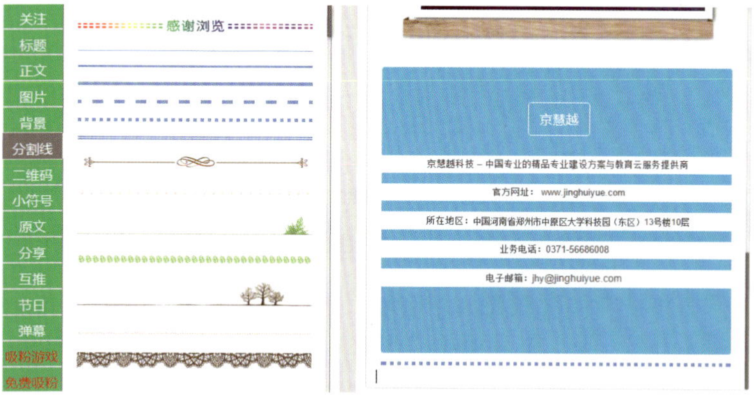

图3-17　微信分割线样式

（7）微信二维码+阅读原文+分享样式选择，如图3-18所示。

图3-18　其他信息样式

（8）复制96微信图文编辑器的内容粘贴到手机预览，添加封面预览，如图3-19所示。

图3-19　编辑完成

3.4　软文撰写

不管是用微信平台营销，还是进行品牌宣传，微信平台的内容总是最重要的。在微信公众平台发展的早期，很多朋友都在强调粉丝，通过各种方法来增长粉丝，用工具刷，互相换，用大号带。总之各种各样的手段，层出不穷，但是当刷粉丝热潮过去之后，大家忽然发现没有那么好做了。办活动吧，粉丝活跃度不够，搞推广吧，效果很一般，怎么把用户转为实实在在的利润呢？随着网络推广的脚步发展，软文也应运而生。软文与硬文最大的不同就是软文给你一种推广的满足感，在不知不觉中给客户留下了印象。所以，软文的写作很重要，下面来讲讲如何撰写软文，以及写软文有什么要注意的。

3.4.1 怎么写软文

1000字左右最为适宜，最多不超过3000字，如果内容的确较难以缩减，可考虑拆分成多篇文章，如图3-20所示。

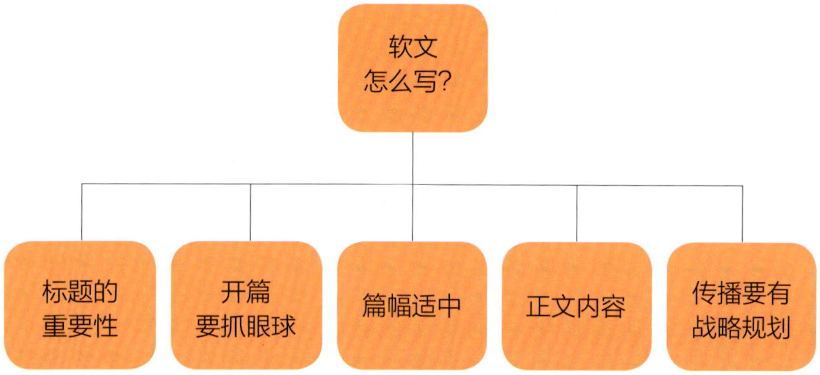

图3-20 软文怎么写

3.4.2 标题党

标题5~15字为宜，最长不超过20字，字数太少标题容易空洞，字数太多容易引起反感。软文的标题是软文的脸，是决定读者是否点击的关键要素，因此最好是切合文章主题。主要有以下几种方式：

（1）切合当前热点时事，比如“习大大访问北师大，提了什么问题”，“王安全又进去了”。一个字：新。

（2）反直觉思维的观点做标题，比如“大公司比小公司更灵活”，“做不好市场的销售不是HR”。一个词：惊世骇俗。

（3）运用数字、对比、类别、夸张的手法，比如“课程开发的5个核心”，“像造房子一样构建人才梯队”。一个词：联想具化。

3.4.3 内容开篇要抓眼球

读者看软文广告通常没什么耐心，如果不能在几行字之内抓住读者的视线，后面的内容即使再精彩也毫无意义，避免像写流水账一样，要精练语言，前后呼应，使一篇软文浑然一体。

3.4.4 结构清晰

文章要有个提纲挈领的摘要，字数120字，也可以作为文章的第一段。

文章分大结构，大结构下分小结构。也就是要有一级标题和二级标题，最好不要到三级标题。一级标题可以是总——分——总，或并列或递进的关系。

每段100字最佳，万万不要超过200字。在微信阅读中，基本上就是5~6行最佳，不超过11行。

3.4.5 主题突出

每篇文章的主题不宜过多，突出讨论的关键词1~3个，比如课程开发就主要讲课程开发，可以略带提一提讲师或学习地图，但课程开发才是主题。如果三者都要全提，就应该主要论述人才培养体系。

3.4.6 图片专业切题

图片的选取既要显示出专业性，又要切题。

3.4.7 广告植入

方法论植入：谈我们的主要方法，与众不同的理解。

活动植入：宣传我们的活动，什么时候举行。

案例植入：已经做过的项目，有什么经验和智慧。

本章要点

（1）设置好微信公众号的菜单。

（2）图文消息与基本设置。

（3）软文撰写。

FOURTH

04

第4章 微信公众账号的盈利解读

※ 微信公众号16大盈利解读

※ 如何理解微信电商

※ 微信商家如何布局谋篇

4.1 微信公众号16大盈利解读

4.1.1 软文

毋庸置疑，这是目前所有大小自媒体最简单的盈利收入方式（且钞票相当可观），但前提是，你得做得像样，广告主愿在你的公众号上投软文才是重点。

4.1.2 写商稿加发布

这点与发软文是相通的。但却因该稿是由公众号的运营者来写，所以相比而言，稿子会更具有客观性和公信力，更能让读者加以信任并最终形成产品或服务的转化率。相较于通稿广告主的自卖自夸，这个绝对更有看点。当然这不是白写的，广告主你得多掏点银子，但前提是，该运营者比较知名。

4.1.3 赞助

这个也通俗易懂，你在公众号上搞个独特的活动，预设一些适合赞助的环节，活动一旦有人气，相信自然而然会有相匹配的广告主找上门来，现金或礼品赞助。

4.1.4 冠名

同理，你得有活动，有人气，你就可以像出售动车车身广告一样，来个“未来之星号”或“大姨妈号”。很简单，现在像“新媒体女神榜”的活动，虽还刚起步，但就已经有像珠宝、红酒、名茶、APP，甚至有知名自媒体前来询问合作事宜。

4.1.5 微店

相信玩自媒体的大部分人都懂，现在所有微信公众号都开放了自定义菜单栏，把你的微店链接挂在菜单栏中，就可以卖你的东西。

4.1.6　淘宝

这个就更不用说了，把你的粉丝引流到你的淘宝店去，像良品铺子那样。

4.1.7　走穴费

这个如何理解呢？是的，你必须成名，不一定要大红大紫，但在你的领域里要有知名度，下次行业内的一些大大小小的会议就会邀请你去。

4.1.8　线下活动

这个很简单，当你有一批忠诚的粉丝后，你就可以定期组织各种类型的线下活动，如沙龙、培训、分享、交友，等等。为了抹掉你的举办成本和打赏你的辛勤付出，你200%有理由收取费用。关键是要有广告主赞助你的活动。

4.1.9　社群活动

如万能的大熊、罗辑思维他们干的那样，建立属于他们自己的帝国社群，更进一步地培养这批不断为他们买单的粉丝，当然玩社群需要付出强大的运营和产品，所以，你掂量着看。

4.1.10　VIP微信群

这个其实也是玩社群概念，但相较于上面的社群，这个社群是指微信群，只不过是收费制的，不是随便能进去的。有些行业领导者利用自身的名气、务实有用的资源有针对性地为群友提供帮助，如移动互联网李建华的收费微信群“浮云会”等。

4.1.11　线上商学院

这是个很高大上的吸金模式，且具备学术概念，时代在进步，现在的商学院并不是有个大门有间教室有个宿舍的学校模式，完全可以利用虚拟空间。最典型的比如新媒体领域中的“新媒体排行榜”在YY平台上搞的“新榜商学院”，每周一堂课，有些是收费课，有些是公开课。

4.1.12 代理联盟

最开始做且目前做的最好的可能要属“自媒体联盟”，只要你掌握第一手的自媒体资源，就可以干代理。现在有许多的自媒体联盟、公关公司甚至个人都在做代理。

4.1.13 数据报告

数据报告可能相对更高大上，不是一般自媒体账号和个人能提供的，但目前比如新媒体排行榜、南方周末数据实验室、自媒体人魏邦做的“自媒体动态”、新媒体指数和一些有大数据基础的平台，可以给有需求的广告主出具订制化的报告。

4.1.14 品牌广告

品牌广告比软文还简单，如在自媒体文头、文中或文尾插入广告主的品牌名称或相关图片。当然这个首先也得把号做大，粉丝不一定要几百万，有些细分行业一两万粉丝都是十分有价值的。

4.1.15 收费制阅读

这个就更加了不得，你要看每天的所有或完整内容，你就得付费。

4.1.16 衍生实体产品

这个其实也很好理解，有影响力以后就可以生产自己的产品，比如原CCTV著名光头主持人王凯，其“凯叔讲故事”就出了好几本针对小朋友的书和一些产品，去年出了一本《西游记》，卖出了7000多套。

4.2 如何理解微信电商

正如“打败微软的一定不是另一个做PC操作系统的”，打败淘宝的也一定不是另外一个淘宝式的商城。微信电商经常与颠覆相伴，那么它有些什么样的特点呢？

首先，移动互联网较之互联网的最大区别在于更加地基于人而非流量，那么未来居于主流的移动电商一定是越来越能满足消费者的个性化需求。个性化的实现方式有两种：一种是我们经常提到的利用智能手机的传感器，通过对用户行为数据的收集和分析建立起对他们的洞察，实现“所想即所得”；另外一种就是基于需求的无限细分，商家、产品或者品牌以碎片化的形式存在，消费者自己去选择关注。相比而言，第一种方式对技术水平有着非常高的要求，第二种方式则比较简单而且更容易实现。事实上，微信公众号不就正是基于这样的逻辑吗？微信电商以公众号的形式对用户的需求进行无限细分，消费者根据自身的偏好去匹配，这样就解决了用户个性化需求的问题。因此，本质上来看微信电商属于社群电商的范畴，所以千万不要用传统商城的思维和模式来运营。

其次，对于微信来说，电商是把双刃剑。如果能控制好，那么电商除了贡献营收之外，还能增加平台的黏性和活跃度。否则可能会给微信的体验和品牌造成难以估量的损害。在互联网上，电商是少有的一开始就要用户付出真金白银的服务，因此消费者非常地谨慎，一旦出现问题反应也是最为激烈的。所以我们就不难理解外界对微信电商的呼声一直很高，可微信却并不着急，这是一步险棋，稍有不慎满盘皆输。因此，我认为微信在对商家的筛选和控制上一定会非常严格，平台上的主要玩家将是一些具有广泛品牌认知的商家，而微信电商平台的主流业态将是B2C（Business to Customer，商对客），对应的是天猫，而非淘宝的C2C（Customer to Customer，消费者对消费者）。这样才能最大程度上解决消费者对平台的信任问题，也才能保障微信平台的体验和安全。不过同时我也相信，“自商业”将会成为一道独特的风景，在微信平台上引起广泛关注，有些甚至还能创造不菲的收益。

然后，B2C有可能借助微信电商平台获得发展，成为微信电商玩家的标配。微信不但是一个前端交易的接口，同时也是一个客户关系管理的工具。基于微信，商家可以很好地与用户进行交流和互动，信息容易触达，而且也比较方便了解消费者的需求。再加上微信公众账号内的用户本身就比较精准，这样是非常适合开展B2C模式的电商交易，实现以销定产。

最后，微信电商平台将主要以服装鞋帽、美妆以及家居等对个性化要求比较高的非标准品为主。满足用户的个性化需求本来就是微信电商的本质，而且这些产品大部分客单价不高，不需要太长的决策时间，非常容易形成冲动性购买，同时在样式上他们千变万化，用户有在碎片化时间闲逛的需求，这样销售的触发点就会很多。不过这会使得微信和淘宝之间对商家和消费者争夺的竞争日趋激烈，因为这些也是淘宝上的主流品类。

4.3 微信商家如何布局谋篇

首先就是用户群的精准定位。基于微信公众账号用户需求的无限细分，微信本质上玩的是社群电商。所以微信电商一定要摒弃大而全的玩法，定位越精准，越能满足用户群的个性化需求，就一定越有效果，无论是从活跃度还是转化率上来说都是如此。

其次要掌握好微信电商的运营节奏。由于手机屏幕的限制，消费者在手机上选购的时候很难像在电脑上一样详细地了解商品，也很难在各个商家之间切换进行产品质量、价格以及服务的比较，这就使得微信电商上的购买行为一定是更加基于信任的。这就需要商家真正做到以客户为中心，做好日常运营工作的点点滴滴，这样微信电商的用户和交易量一定也会逐步上涨，不要老想着交易爆炸性增长的可能。爆炸性的增长往往带来的是服务的无法跟进，最终打碎的是辛苦建立起来的信任关系。微信电商即使要做营销引发爆点，也一定要认真掂量一下自己的实力。对于微信电商来说，更多的应该是细水长流，而非立竿见影。

最后是在微信上小心维护自己的品牌。上面提到微信电商更加基于信任，而信任建立的最好方式是品牌形象深入人心。品牌的打造有很多方法和技巧，但核心的一点是真正提供以客户为中心的产品、具有竞争力的价格和优秀的服务，设身处地地为消费者考虑，感化他们，而不是嘴里喊着“亲”，心里只想着你赶紧买。

本章要点

（1）了解微信的16大盈利模式解读。

（2）了解什么是微信电商。

FIFTH

05

第5章 微信公众号运营策略

※ 微信公众账号快速涨粉的 30 种方法

※ 如何用淘宝爆款打造微信公众号

※ 微信公众号运营的 8 条“军规”

5.1 微信公众账号快速涨粉的30种方法

许多朋友都在运营微信公众号，因为微信的用户是非常庞大的，微信营销是非常不错的方法。对于一般微信公众号来说，想要增加粉丝只有靠内容去征服用户。

不仅是微信，任何以内容吸引用户的平台都是非常不容易的。

5.1.1 利用个人微信号为微信公众号宣传

运营微信公众号不是叫用户直接微信搜索某某关注，大家也不要忽略了个人微信号的作用。比如，个人微信有附近的人、摇一摇、添加手机QQ好友、添加手机联系人、朋友圈等功能。一定要结合起来使用，把用户引到公众号上。

5.1.2 手机陌陌留言板，附近人宣传

玩微信的人很多，玩陌陌的人也不少，年轻人玩得更多。像陌陌的附近人，我们可以关注，打招呼。像陌陌的留言板，我们可以发布留言也可以给他们评论，效果都是非常不错的。当然，我们的陌陌资料也要引导用户去关注我们的微信公众号。

5.1.3 手机微视原创视频，评论宣传

微视，是手机上的一款微视社交软件。我们可以弄一个微视号，资料要引导用户去关注微信公众号，没事可以给别人评论、点赞，自己也可以拍一些微视频发布。

5.1.4 手机来往扎堆发帖，评论宣传

来往，是马云建立的一个手机社交软件，其实是想超过微信的，可是一直是不温不火的。许多人玩来往都是因为马云，好多也是淘宝用户才玩的。不过，来往里的用户也是非常多的。我们可以建立一个吸引人的“扎堆”，引导用户去关注微信公众号，没事给别人评论、点赞。

5.1.5 利用微博宣传微信公众号

玩微博的用户是非常多的，因为微博关注新闻信息是非常快的，也非常方便。虽然现在很多人都在玩微信，不过还是有很多人在刷微博。 大家可以为微信公众号弄一个微博号，每天刷微博，关注相关用户的微博，没事就转发、评论、点赞，引导用户关注微信公众号。

5.1.6 利用QQ功能宣传微信公众号

只要会上网的人，几乎都有一个QQ号，那么我们就可以利用QQ的相关功能来为微信公众号增加粉丝。比如，QQ好友、QQ空间、QQ群。在引导用户关注微信公众号的时候，少打广告，利用一些方法引导用户。

5.1.7 利用论坛、社区宣传微信公众号

论坛有地方论坛、技术论坛、行业论坛等，社区像天涯社区、慧聪社区、搜狐社区、阿里巴巴社区等，这些论坛、社区每天都有很多人，我们就可以利用这些平台来宣传微信公众号。

5.1.8 利用别人的微信公众号来宣传

好多网友可能不明白，别人的微信公众号又怎么可能为我们宣传呢？你可以付费叫他们帮你推广，可以找认识的人合作。有些微信公众号里有个社区的功能，每天都有很多人交流，相当于一个手机论坛，大家也可以在那与网友交流，引导用户关注微信公众号。

5.1.9 利用分类信息网宣传微信公众号

分类信息网像百姓网、58同城、赶集网等，大家可以在这些平台发布一些和你的微信公众号相关的信息，引导用户去关注你的微信公众号。只要能发布，尽量都要发，而且要每天坚持发布一条信息。

5.1.10 利用微信导航网站宣传微信公众号

微信导航网站在百度一搜一大把，大家可以把自己的微信公众号提交到这些平台，有的是免费的，你也可以花钱置顶让这些平台来帮助推广。而且，现在地方微信导航网站也有很多。比如，如果是地方的微信公众号，建议还是提交到地方导航网站。而且，提交到导航网站后，百度也能搜索到。

5.1.11 利用威客任务网招人推广微信公众号

威客任务网有很多，比如土财主、猪八戒网等。大家可以在这些平台，花少量的钱让用户去关注你的微信公众号，而且也可以让他们把你的微信公众号分享到朋友圈、微博等。你只要给钱，他们就帮助你宣传。

5.1.12 利用百度贴吧、知道等宣传微信公众号

百度的产品一向都是人流量非常大的，比如百度贴吧、百度知道、百度文库、百度经验等。我们可以在贴吧发文章宣传，也可以在知道提问带上微信公众号的二维码图片，也可以把文章上传到文库，做百度经验等，效果都是非常好的。

5.1.13 利用亲人、朋友关系宣传微信公众号

自己运营微信公众号就自己知道，也想不到别人可以帮到你。其实，我们完全可以利用亲人、朋友间的关系来帮助公众号加粉。比如，你可以喊你的朋友帮你转载公众号里的内容。亲人、朋友都是愿意帮助你的，利用好人脉关系。

5.1.14 利用免费送东西宣传公众号

只要你的东西好而且还是免费的，相信有很多人都想要。比如，你可以储备一些PS软件、会声会影软件和一些网站源码。免费分享这些，但是有个前提就是得关注我的公众号后才可以免费得到。

5.1.15 利用微信发红包模式宣传微信公众号

微信有个发红包的功能。模式是这样的，你可以创建一个微信群，然后利用发红包来吸引用户加入，加群得先关注微信公众号，然后你就可以发一笔钱让用户抢了。

5.1.16 利用趣味测试游戏吸引用户关注

趣味测试游戏就像谜语一样，有一个有趣的故事，用户看完后迫切地想知道答案是什么。这时候，你就可以把答案公布在微信公众号上面，如果用户想知道就得关注你的微信公众号。这是逼着用户去关注，因为人人都有好奇心理，不知道答案会难受。

5.1.17 利用官方网站宣传微信公众号

你是做什么的，好多企业、公司都有自己的官方网站。我们宣传微信公众号的时候就可以在网站上挂上二维码图片。毕竟官方网站上的用户也是非常多的，我们要把这些用户引导到微信公众号上面。

5.1.18 利用软文推广宣传微信公众号

大家是什么行业的，就可以写这方面的一些文章，最好是图文并茂的。可以写一些经验、知识、技巧类的文章吸引用户观看，然后就可以在文章中引导用户关注微信公众号。写好文章后，发布在各大网站、论坛，也可以到一些平台去投稿。

5.1.19 利用视频来推广微信公众号

可以拍一些公司的视频上传到优酷、56等视频平台，在视频中插入二维码图片。也可以下载别人的搞笑的、热门的视频，在视频中加入二维码图片再上传。一个好的视频会被很多人分享，做好了粉丝就会飞速地增长。

5.1.20 利用演讲、培训活动宣传微信公众号

你是什么行业的，就可以组织行业演讲、培训等活动。当你准备好自己的资料与培训内容时，如果用户想收听，前提就得先关注微信公众号。

5.1.21 利用博客宣传微信公众号

博客像新浪博客、搜狐博客还有独立博客，大家都可以开通一个博客平台，也可以建立自己的公司或个人博客。博客的好处就是宣传效果好，有利于推广，这就相当于一个平台，来展示公司或个人的所有内容。

5.1.22 利用网盘宣传微信公众号

网盘像360云盘、百度云盘等，大家可以利用网盘上传一些东西让别人下载，在文件中写上自己的微信公众号的信息。

5.1.23 利用媒体宣传微信公众号

媒体平台有很多，像一些报纸、新闻平台、广播平台等，大家可以花钱叫他们帮忙推广。这些平台一般都是很有实力的，投放一次效果应该是很不错的，只要策划好方案就可以。

5.1.24 模仿别人的运营方法来加粉

运营微信公众号，为什么别人的公众号粉丝那么多，而自己的公众号粉丝却那么少呢？原因当然是有的，不管是什么，一定要学习、研究。多关注一些成功的公众号，看他们是如何运营的。小到内容，细到引导都要用心研究。

5.1.25 利用第三方软件为微信公众号加粉

微信公众号加粉的第三方软件，有抽奖、游戏等功能，可以考虑下使用这些软件。

5.1.26　利用客户帮你宣传微信公众号

许多商家在运营微信公众号的时候好一些，因为他们都有很多忠实的客户，我们可以让这些客户关注我们的微信公众号。而且，我们可以引导用户帮助推广，比如，推荐朋友有提成、送礼品等。总之要给用户一些好处，用户才会帮你推广。

5.1.27　利用公众号二维码来增加粉丝

大家一般都会叫用户直接搜索公众号名称，其实，微信公众号的二维码是非常不错的。大家可以把平台的头像换成二维码图片，在宣传的时候也要带上二维码图片。总之，哪里能放二维码图片就都要放上，让用户关注。

5.1.28　利用优质内容为公众号增加粉丝

优质内容对于运营公众号来说真的有点难度，不过，还是有方法的。如果大家想找优质的内容，就要多关注同行业的公众号，有好的内容，如果允许就可以转载过来，一定要留下别人的版权信息。大家也可以利用搜狗微信搜索，寻找和自己内容相关的优质内容，也可以利用微信头条找优质内容。

5.1.29　利用抽奖游戏宣传微信公众号

XXX，亲自参与了当地的几个微信抽奖、赠礼品的游戏。只需要花很少的钱，就可以让用户关注，因为本地用户都爱占小便宜，可以利用这种心理来吸引用户。

5.1.30　利用微信机器增加粉丝

有个叫印美图的，只需要把照片发到微信公众号就可以打印照片，吸引用户关注，效果非常好，适合一些商家。

5.2 如何用淘宝爆款打造微信公众号

1. 什么是淘宝爆款

淘宝爆款分为店内爆款和同类目爆款，我下面讲的是店内爆款，就是在你淘宝店内的某一个单品从销售数量、曝光量、浏览量、收藏量和评论数量做到最好、做到极致，或是该产品的成交数量高于店内其他任何产品的几十倍或几百倍，这就是爆款，自己店内的爆款。

2. 什么是淘宝爆款思路

淘宝爆款思路就是以通过一个爆款产品来吸引流量，提高店铺人气和品牌知名度，同时提升店内其他产品的销量和提高客单价等为目的的做法。

这种思路其实就是一种很巧妙的商业智慧，不是你店有100个产品你就要去推这100个产品，而是选择一款或者是几款具有很强市场竞争力的产品，通过不同的推广渠道和手段，集中火力穷追猛打，做成爆款，然后通过爆款来带动整个店铺的销售。你给我一个支点，我就可以撬起整个地球，爆款就是一个支点。

5.2.1 打造爆文

订阅号每天可以群发一条图文信息（其他的文字、图片和视频暂时忽略），一条图文消息里面可以放8篇图文文章。我们每天都在辛苦地找素材、编辑文本，然后群发，有的人每天只发1篇文章，有的人每天发送3篇、5篇，还有人每天发布8篇，可是发着发着就发现，我们的粉丝数量并没有怎么增长，我们的文章阅读数量也没见涨，也没看到任何人留言和互动，微信号十分安静，怎么办呢?

不管你的文章是1篇、3篇、5篇还是8篇，首先要记住发布的文章里面至少有1篇文章是经过我们精心整理和编辑的。什么叫精心整理和编辑呢? 就是从文章的标题、内容、配图到文章的顶部和底部的引导都是经过我们用心去思考过、修改过并确定下来的。文章准备好了，接下来做什么呢? 接下来就去推广，集中火力穷追猛打，就是集中你的所有资源进行全面推广，把这篇文章推广出去。

1. 分享到自己的朋友圈

一天分享3次，根据不同时间段进行分享，早、中、晚，具体时间根据个人微信好友的具体情况来操作。这样让你的好友看到这条信息的概率增大，同时让你的好友好奇并关注这条信息，直到他打开这条信息，只要他打开就增加了阅读数量，就有机会二次分享和传播。

2. 编辑图文发送给好友

把这篇精心编辑出来的文章一个一个地推荐给你的所有好友，记住是所有好友！要注意的是，在推荐文章后要补上一句话，告诉他这篇文章是你写的，麻烦帮忙转发和分享到他的朋友圈，这时如果你有什么礼品赠送那就再好不过了，但是你一定要有把握文章是可以分享到他的朋友圈的，不会因为分享这条信息而影响到你朋友的个人形象，这点一定要注意。

3. 好友群发信息

目前是不可以群发文章，但是可以群发消息告诉你的好友，麻烦他们打开你的朋友圈第一条然后转发和分享到他们的朋友圈，帮忙推广一下。你需要一个一个去说服，或者是通过礼品的形式来刺激转发。

4. 分享到微信群

把这篇文章分享到你的微信群，一篇好的文章必然很多人会打开阅读，但是要注意群内是否可以发布这种信息，需要你多在群里发言，要么就先发一个红包，然后再推送，帮忙转发，很多人还是很乐意的。

5. 投稿和软文推广的方式

这种方式就是把你这篇文章发布到行业网站，或者是一些做微信推广的平台上面，这种方法好操作，需要我们走出去，通过PC互联网的方式来做推广，有免费的，也有付费的，就看你希望这篇文章的传播有多深、有多广了。

当你的这篇文章阅读量上去后，当这篇文章在很多地方出现的时候，很多个人和平台就自然来转载，一转载就形成了二次传播甚至是多次传播了，文章会在短时间内形成一个裂变，粉丝很自然地就会因为这篇文章的疯传而快速增长。

5.2.2　如何提高微信公众账号的图文转化率

一条微信，在7天内的图文转化率提升40%，粉丝提升了几倍，是怎么做到的？答案：细节！

微信图文传播效果是由许许多多的因素共同作用、相互影响的，能不能取得理想的传播效果，取决于操盘者能不能将各种细微的、零星的因素做有效整合，并在各种细节处考虑更多的细节，给受众良好的阅读体验。微信公众账号的运营者都知道，所有的数据分析会归结到一个最终指标：图文转化率。

图文转化率=图文阅读人数/送达人数

关于这个公式有几点运营者要清楚：

送达人数指的是你将该条微信推送给多少人，简单点说就是你现阶段有多少粉丝；

图文阅读人数是指一共有多少人读了这条微信，包含非粉丝群体；

图文数据分析只能显示该条微信发布后7天内的数据，7天后的看不到。

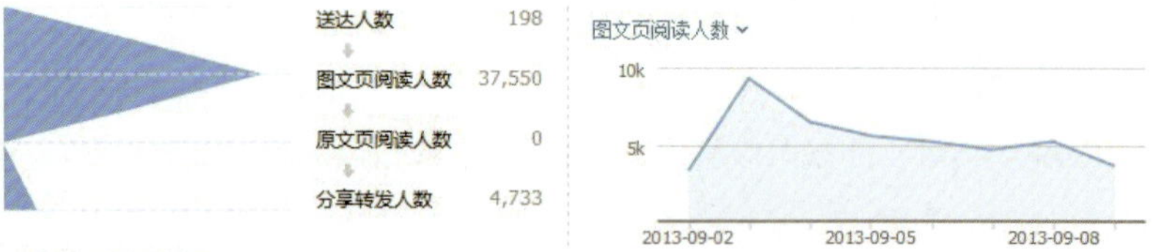

数据明细 收起数据明细

送达人数	图文页阅读			原文页阅读			分享转发	
	人数	次数	图文转化率	人数	次数	原文转化率	人数	次数
198	37,550	49,728	18964.65%	0	0	0%	4,733	7,192

图5-1　微信公众账号后台数据统计模块的图文分析截图

如图5-1所示，就是某企业官微运营后，策划并执行的某条微信内容的传播分析。从图中不难看出微信朋友圈的巨大威力：在只有198个粉丝的情况下该图文被4733人分享转发，并且这还只是7天内的数据。

毫无疑问，提高图文转化率首先要搞定的是我们已有的粉丝，姑且称他们为一级受众。由于微信是一个相对封闭的传播渠道，不像微博那样可以购买大号进行图文的转发扩散，所以一级受众愿不愿意阅读并主动传播这条微信变得尤其关键。

在推送到达率接近100%的情况下，一级受众的图文打开率和图文分享率直接决定了后续传播的可能性。

［注］一级受众的图文打开率即官微已有粉丝打开阅读这条微信图文的比例，一级受众的图文分享率即官微已有粉丝将这条微信图文分享到朋友圈的比例。

其实这个阶段关键的细节因素有三个：头像、推送时间和标题。

1. 头像

一般来说官微的头像就是品牌的LOGO，作为编辑来说，必须确保这个头像显示是清晰的、可辨识的；特别是对走高端精品路线的品牌来讲，官微的头像还要展示出大气、上档次的范儿。

2. 推送时间

关于推送时间的讲究现在是众说纷纭、莫衷一是，笔者把它们归结为以下派别：

（1）上班派（7：30~8：00）；

（2）午餐派（12：00~13：00）；

（3）下班派（17：30~18：30）；

（4）晚餐派（20：00~21：30）。

当然还有一些“想什么时候就什么时候发”的自由派，这不列入我们的研究范围。至于怎么样的推送时间适合你们官微，建议运营者可以做一个测试：将现有粉丝进行平均分组，同样的内容分别在一天中的上班时间、午餐时间和下班时间推，看看最终的转化效果。经过几天的测试，你就可以总结出最适合你们官微的推送时间了。

3. 标题

不管策划哪个平台的传播内容，标题都是影响效果重中之重的因素。关于如何做一名优秀的“标题党”，你可以在百度上搜到各种ABCD要点，笔者在这里不对标题的写作技巧做赘述。

回到微信的标题上，运营者千万要注意一个细节：不要把无关痛痒的栏目名称放在标题前13个字符的黄金位置！为什么？因为在订阅号的列表中，每个微信公众账号都只显示标题前13个字符（含标点）！

5.2.3　账号运营增长粉丝的两大关键

1. 内容传播

内容传播是微信公众号自然增长粉丝的主要来源。一个公众号定位好之后，根据定位提供内容，靠用户传播获取到的粉丝，可以看成是“内容传播”=“自然增粉”。订阅号想要黏住用户还得靠内容，所以现在都说“内容为王”。

2. 用户体验

这个话题很广，其实就是针对用户心理感受所做出来的一些优化。说到底都是细节上的东西，怎么让用户“爽”，我们就怎么来。

凡事要站在用户的角度想问题，往往一些鸡毛蒜皮的细节，就是你这个微信公众号脱颖而出的关键。

建议从以下方面入手：标题、风格、图片、文章排版等，这些都是用户体验过程中不可忽略的一部分。

要做好一个微信公众号运营者，要走的路还有很长，需要我们多思考一些问题。如：什么样的文章能引起用户共鸣而去主动传播，什么东西才是用户需要的，等等。

5.2.4 如何规划微信公众号内容

企业营销应以内容为王，当内容有实用性、贴近性、趣味性，并满足粉丝分享的满足感、炫耀感时，微信营销可以说就成功了一大半。具有上述特征的内容，粉丝会主动分享，辐射到用户的好友，促发更多基于真实关系的传播。

在提到企业微信内容规划策略时，我们必须要知道用户取消关注微信公众账号的8大原因。第一，有垃圾信息或者广告。第二，提供的信息不实用。第三，没有新意。第四，提供的信息不足或者没有分量。第五，消息提醒不够人性化。第六，信息不准确。第七，内容篇幅过长。第八，信息时效性不强。当然还有其他原因。首先，最主要的原因在于平台出现垃圾信息或广告，引起关注人群的反感。另外，推送的信息不实用也是被取消关注的一大主因。其次，内容没有新意，提供的信息不足、信息不准确等都是被取消关注的原因所在。用户看重微信公众账号提供的内容，所以企业进行微信内容策划时关键是要提供优质、可靠、新颖的信息，抓住用户所需，推送符合用户口味的信息。

对于企业来讲，企业微信发什么内容、什么时候发、要不要和粉丝互动、用什么措辞等都值得考虑。所以，在规划微信内容的过程中，在内容选取范围的制定上应当创新，这样后面运营的时候方能得心应手。一般情况下，就企业微信而言，其内容规划大致可分4步走。

1. 内容定位

定位是微信内容规划时最先需要做的，可以帮助企业了解自身的情况。在内容定位过程中，企业需要结合原本做好的品牌定位总结出品牌的简单调性，也就是品牌定位下目标消费者对品牌的看法或感觉。例如，企业的品牌调性是“年轻无极限，给爱挑战生活、向往自由的你一片属于自己的天空”，那么品牌调性的关键词就是“年轻”“刺激”“自由”等。利用品牌调性，结合品牌自身的受众，我们就可以总结出品牌的内容个性。该企业品牌的微信内容在风格上需要展示一个青春有活力的形象，而在内容选取上就要适当倾向于分享一些积极向上的博文。

内容个性就是我们所要总结出来的内容定位，在后面的内容筛选中，要结合内容个性进行有效选取。企业的不同品牌所体现的内容个性可以有所不同，不同个性的品牌之间互动会增加更多看点，但是整体风格还是需要依照企业的形象去设立。在这里需要特别注意的是，品牌关键词和内容个性关键词十分重要，在后面几个部分的内容上都需要结合品牌关键词来进行内容的筛选。

2. 内容筛选

做内容营销的第一要务是了解客户，制定迎合消费者需求的内容策略。简单来说，只要条件许可，随时把满足消费者需求作为发布内容的准则。

在做好企业微信内容定位后，结合所设定位，接下来就要进行内容的筛选，制定范围和标准。通常，发布博文是为了吸引用户的注意以增加用户的黏性和适当体现品牌的价值。不同的博文可以有不同的特性，企业可以根据博文的性质来筛选合适的内容。就微信内容而言，可以从下列8个方面对其进行筛选。

（1）关联性：内容和企业或其所处行业产生一定关系，同时适量加入品牌的价值信息。

（2）趣味性：内容要创新，不庸俗但足够吸引人，符合大家的审美趣味。

（3）实用性：内容需要能向用户提供一定的帮助，比如信息服务、生活常识或者折扣信息等。

（4）独特性：需要根据自己的品牌特点打造有个性的内容，向粉丝展示品牌文化和传播品牌价值。

（5）多元性：内容的形式需要多元化，可以用图片、视频或者语音等形式发布。

（6）一致性：内容需要连贯一致，尽量用单条图文把想要传递的信息完整表达出来。

（7）互动性：经常和粉丝沟通交流可以形成长久的用户黏性，哪怕是一句简单的问候或者寒暄。

（8）热点话题：我们知道了解当前的热点话题是非常重要的，拥有一定量粉丝的平台可以利用热点话题带动粉丝主动分享。

所以，内容的筛选对微信的互动起着重要的作用。内容只有体现价值，才能引来更多粉丝的关注和热爱。除此以外，企业官微在筛选内容的过程中，应尽量避免一些有政治或者宗教倾向的内容、未经证实的内容和极具批判性且带个人感情色彩的内容。人性化的官微也需要顾及企业的品牌形象，对于一些“踩过界”的内容即使能迅速增加品牌的曝光度也不要轻易触碰，否则等待你的可能就是危机公关或者律师信了。

3. 内容编制

做好微信内容定位，确立了内容筛选的范围后，接下来就需要对内容进行编制和管理了。系统化的内容管理机制有助于运营专员快速地对微信内容做出判断、筛选和发布，同时也能大大地减少因层层上报而浪费的时间。

其中，按照内容来源方式分类，我们可将微信内容分为下面6种类型。

（1）专业知识型。

比较适合户外、母婴、成人、电器、家居、内衣、保健、汽配类目商品，因为这类信息专业性强，并非日常生活知识，故内容可读性还是较高的，客户接受度高。

（2）幽默搞笑型。

最适合成人类目商品，而且还可以和商品实现无缝对接。情侣相关的礼品类目，也可以通过此类型内容完成不错的结合。

（3）促销活动型。

比较适合代购类商品、男性商品、日常必需商品、快销商品、标准化商品，因为具有稀缺性或是必需品，所以无须太多的技巧，直接推销的效果反而可能更好，但也要关注掉粉情况，及时调整内容和发送频率。如果你的店铺经常搞促销，那么这样的信息对于客户来说就是垃圾信息，效果和影响不言而喻。如果是难得促销一次，那么这样的效果会比较好。

（4）文艺小资型。

比较适合小众商品、外贸原单商品、高端价位商品，也是塑造品牌形象和品位的好方法，当然，难度也是最大的，因为这样的优秀写手太稀缺了。以前有不少淘宝集市女装店，店铺首页和商品详情页都有散文或诗词内容来描述店铺或商品，客户的评价内容也是散文或诗词，店主回复评价的内容也是散文或诗词，真是物以类聚、人以群分的完美验证。

（5）信息播报型。

重在发送的信息是否切中用户的需要。一般不建议发送这样的信息，除非是需求面比较广的信息，如上新、预售、抢购、拍卖等。

（6）关怀互动型。

比较适合针对老客户，比如发货提醒、生日祝福、互动小游戏等内容，如果加上些优惠券什么的，是不错的方法。

在规划好内容发布时间后，人员的安排也需要企业注重。大企业有完善的人力资源系统，可以在每一个环节都安排指定的人员进行24小时实时监控和维护。在这里不做详谈，主要讲述一下小企业在人员安排上需要注意的方面。一般的企业，由于资源和资金都较为紧缺，所以在微信上的投入不会太充足。但是，即使没有专业的团队运营，小企业也是可以玩好微信的。比如，你的企业微信只有一到两个运营专员，你就必须合理规划和安排。具体来说，有一个运营专员的企业要控制好运营时间，三分之一时间用来规划内容和撰写内容，三分之二时间用来互动；如果有两个运营专员则可以分工进行，一个进行内容规划和撰写，另外一个进行互动与活动策划，从而双管齐下，形成有效的内容互动与活动互动，增强粉丝的黏性。当然，如果你的企业一个微信专员都没有，那么就需要找人腾出时间和精力来完成微信的内容与互动。

4. 内容推送

微信公众账号的后台可以获取订户的全部信息，并提供了强大的订户分组功能，可以按地域、性别、喜好、需求等不同的指标分组。这为新闻信息的分组精准推送提供了实现渠道。

分组推送即微信公众账号在群发消息时，可以选择性别、分组、用户所在地区等属性，或者根据消息的类型和地域进行有选择的定向投放，将消息发送给某一类用户。例如，涉及北京市的公共政策新闻，其他地区的用户可能不太关注，媒体就可以单独向北京市的微信订户推送。分组推送一旦实现，能够避免用户的信息过载，让媒体的各类信息资源发挥相应的最大价值。

5.3　微信公众账号运营的8条“军规”

早期玩微信的朋友，经过一年多的时间已经完成了微信粉丝的原始的累积，粉丝的人数达到了2万至5万，所以内容运营对于这一部分人来说非常重要，好不容易通过长时间获得大量的粉丝，如果因为没有维持好，导致大量的订阅读者取消关注，那么会是一件让人很可怕的事情。

其实要想读者不取消关注，还是要从内容运营上面下功夫，对于媒体平台来讲，公众号的生死存亡，就取决于内容运营。笔者运营公众号已经有一段时间了，今天笔者把自己运营内容的心得，分享给大家（图5-2）。

图5-2　微信公众平台

5.3.1　内容和语音相互结合

如果一个公众号长期推送内容，那么它跟传统的媒体没有任何的区别，读者看完了就把它扔到了垃圾桶里，不存在读者和作者建立任何的关系，同样公众号只是推送内容，企业和顾客的关系不会有任何的增加和改变，关系不变，谈商业价值就有一些可笑。

微信公众号最大的价值在于，它可以帮助你经营读者与作者、企业与顾客之间的关系，使这两者的关系越来越好，读者信赖作者，顾客相信企业，这就跟相亲俱乐部一样，两位通过相亲俱乐部这个平台，双方相互更了解对方。

要想超越纸质媒体，就要用好语音、视频，笔者发现大量的企业都在推送内容，而忽视了语音的价值。我们知道文字内容只能带给读者视觉的感受，而声音带给人们的是听觉上的感受，很多人不喜欢阅读，可是他们很喜欢听广播，相比文字阅读，用耳朵听更简单，同样在手机上打字很辛苦，而语音很简单，只要按住语音按钮说话就可以。

语音还有一个特点就是真实性，我们听到的是一个真实的声音，感觉到在与一个人进行交流，而不是一个未知的人，我们知道语音只能录制60秒，所以语音可以用来做一篇文章内容的导读。

通过60秒的语音导读，把读者将要阅读到的内容概括性地介绍给读者，激发读者对于内容的阅读兴趣，读者可以通过关键词自动回复功能阅读到这一篇文章。

在这方面罗胖的罗辑思维就应用得非常好，每一天60秒的内容语音导读，关键词自动回复内容，语音跟内容完美的结合。

5.3.2　差异化的互动媒体

任何营销只要做一个小小的改变都会让它变得更有价值，这就是大家常说的差异化营销，纸质媒体只知道这一期卖出去了多少份报纸和杂志，可是却不知道读者对于他们提供的内容喜不喜欢，读者对哪些内容感兴趣，对哪些内容不感兴趣。

这些在微信当中的新媒体都可以做到，拥有多少订阅用户就说明了多少人会真正阅读自己创作的文章内容，通过读者的回复和主动分享就可以知道，文章内容受欢迎的程度，有多少忠诚的铁杆粉丝。

当然要使内容更有价值，就要在内容上做到差异化，内容是死的，可是人却是活的，所以要打造一份有生命力的媒体，就需要增加互动性。笔者是这样运营微信当中的内容的，每推送完一篇文章内容以后，我都会跟读者分享自己的观点，并且会针对文章当中的观点，让读者进行讨论，发表自己的观点，这样就快速提高了公众号的活跃度，在内容上做到了小小的差异性。

一篇文章只是做了一个单单的推送，而另一篇文章却跟读者沟通、互动、讨论，我相信你更喜欢带有互动的那一篇文章，因为它满足了读者的需求，读者需要发表自己的声音和观点，而不是做一个被动的接收者。

5.3.3 做好内容的规划

内容规划非常重要，每一个月都要把下一个月的内容规划好，每一天都有推送内容给读者，不用每一天都思考今天推送什么内容给读者， 明天推送什么内容给读者，这都不用担心，每一天只要按一个发送按钮。

所以最好的方法就是集中时间，把公众号要推送1至3个月的内容都准备好，甚至可以把一年的内容都准备好，我自己就是这样做的，公众号里面一年的内容都准备好了，这样我经营公众号很轻松。

对于读者来说，可以长时间地通过公众号详细了解一个行业里的专业知识，而不是杂乱没有联系的文章内容。

5.3.4 让读者形成习惯

一旦读者不断地阅读公众号的内容，就会对公众号形成长期依赖，要让读者产生依赖，就要注意推送的时间，每一天都要按时推送内容，假如每一天推送内容的时间为6：15，那么一定要在6：15推送给读者，还有每一次推送内容的间隔天数，假如，每两天推送内容一次，那么一定要过两天就推送内容，这样长期读者就会形成习惯，到了时间就会主动去阅读公众号里面的内容，就跟笔者现在已经养成了阅读网易新闻一样，早上和中午、晚上我都会打开网易新闻客户端阅读新闻，因为在这些时间都会有文章更新，已形成习惯和依赖了。

5.3.5 打造完美的阅读

千万不要在文章当中插入大量的广告，这样不利于读者的阅读，想靠这种方式盈利是一件很难的事情，尽量打造完美的阅读，同时也不要在文章后面贴上一个大大的微信二维码，这样会影响读者的阅读及对公众号运营者错误的理解。

手机屏那么小，读者一定不喜欢在那么小的屏幕上都能看到广告，要想留住更多的粉丝就要打造完美的阅读。

5.3.6 向新闻客户端学习

现在各大网站都推出了自己的移动客户端，例如，网易新闻客户端、新浪新闻客户端、腾讯客户端、搜狐客户端。

很多人运营公众号都是靠自己在不断地定文章，这是一件很难的事情，因为每一个人的资源都有限，你认真观察新闻客户端，很多内容都来自于各大平台，像人民网、新华网、大公网等，自己平台提供的内容只是一小部分。这个道理很简单，一个人不可能每一天都上人民网、新华网、光明网去阅读文章，现在通过新闻客户端可以了解各大网站最有特色的新闻报道。

现在新闻客户端做得最有特色的，就要算网易新闻客户端了，更新内容快并且拥有自己平台原创的独一无二的内容。

5.3.7 整合内容

每一个微信公众号都需要优质的内容，才能吸引更多的读者关注，所以可以跟那些写原创文章内容的作者相互合作，你帮助他们推广文章和公众号，他也帮助你推广，通过相互的整合内容，你写一篇文章就拥有了10个甚至100个发布平台，这样就放大了你创作内容的价值。同时你是请了10位、100位作者帮助你运营好公众号，客户数据库也会做大10倍甚至于100倍。

5.3.8 坚持

内容运营一定要坚持，不能三天打鱼两天晒网，这样读者会感觉到你对公众号运营一点都不用心，就会取消关注。如果你长期坚持发布内容，一定可以得到读者的认可，这就是水滴石穿的道理。

本章要点

（1）了解微信公众号快速涨粉诀窍。

（2）微信公众号运营策略与“军规”。

SIXTH

06

第6章 微信公众号超级“鱼饵”设计策略

※ 目标客户如何分析

※ 如何做好“鱼饵营销”

6.1　目标客户如何分析

人人都可以做微商，在去中心化时代的互联网，人人都是自媒体，即使你不懂互联网营销也是可以赚点钱的。作为站长的都知道，流量为王。那么在微信中，我们怎么去理解流量这个词呢？简单地来说就是人脉的扩张、粉丝的关注。

2015年是微商的爆发年，移动互联网快速发展，微信作为移动互联网的社交平台，更加发挥出它的作用了。遇到的问题，主要分为两类：第一，如何去添加粉丝；第二，产品卖不出去。那么今天就针对如何添加粉丝进行一些探讨和研究。

比较头疼的就是粉丝的互动性不强，处于弱关系状态。其实这和过年走亲戚一样，亲戚只有越走才会越亲，用户和顾客也是一样，互动起来，产品才能带的动。比如做活动，分享好的内容给顾客，或者每天早上发个祝福这都是拉近关系的一种方法。

微信添加精准粉丝其实说难也不难，我们首先要对产品进行分析，如用户的年龄段、性别比例、兴趣爱好。用数据来分析你的目标客户，才能把握基本航向。下面就拿新百伦鞋子来举个例子，如图6-1所示。

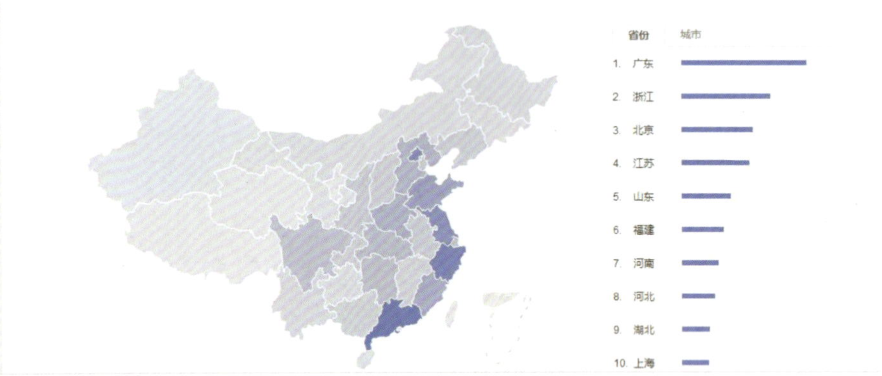

图6-1　目标客户分析

从地域分布可以看出：需求量大的省份几乎都在华南、华北一带。我们可以通过这个定位到主要的区域是在广东、浙江、江苏及北京等地。那么我们是否可以加一些这些省份或地区的微信群或者qq群呢？

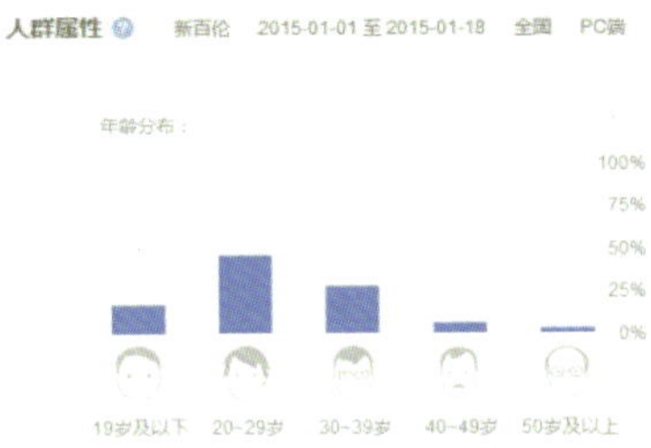

图6-2 人群属性

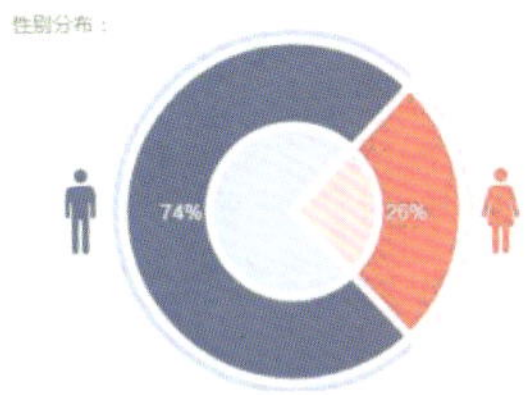

图6-3 性别分布

从年龄的分布来看穿新百伦鞋子的人群主要是在20~39岁，如图6-2所示。而且男性比例偏多，如图6-3所示。那么我们是否可以定位，微信主要加的人群为20~39岁的男性呢？

现在用百度的人也非常多，很多朋友对新百伦的鞋子不是很了解，可以注册个百度账号然后去回答相关的问题，然后留下自己的微信号，认同的人自然会加为好友，因为你知识够专业，大家都会想通过你了解更多，然后通过这个方式维护好关系，让别人觉得你确实是有价值的。

从上面的几张图我们可以清晰地定位出自己想要的人群是哪些。那么我们添加粉丝的渠道有哪些呢？

1. 通过淘宝来添加

比如，你有个淘宝店铺，我们可以在淘宝店铺首页添加文案信息，把自己的微信号放上去，每张详情图都加上自己的微信号，然后搞个活动，“添加微信号，认证通过立减30”，来吸引目标顾客等。

2. 通过软文来宣传

可以到各大鞋类新闻网站发表自己的软文，将资讯类、技术类、保养类等文章发到各大新闻网站。这些新闻网站点击量都是很高的。

3. 社交平台

可以通过社交平台比如人人网、陌陌、荔枝FM、优优说等平台进行知识的传播，分享有价值的内容。

4. 微博、美拍

通过微博、美图旗下的美拍，进行活动策划或者视频拍摄。用故事性的表达方式去引起他人的关注。

5. 博客

个人博客、新浪博客、搜狐博客都可以去做。

6. 生活群、微信群

微信群，比如娱乐生活群、电影影视群或者自己建群分享营销知识、推广知识、产品知识，先让别人认可你，觉得你这人靠谱。培养活跃的用户，5~10个都可以，人数可凭借自己的能力去定。

做微信营销其实和互联网营销是互通的，要懂得如何去分析你的精准用户群体，然后通过哪些平台来吸引你的用户群体，再而维护好你与客户的基本关系，分析客户的需求（CRM），微信营销需要的就是参与感、存在感、价值感。

6.2 如何做好“鱼饵营销”

“鱼饵营销”不是简单地给个赠品那么简单。“鱼饵”设计不能想当然，“鱼饵组合”要不断循环促进客户成交，更为关键的是，你的“鱼饵”还需要低成本、可持续并具备高吸引力（图6-4）。

图6-4 “鱼饵营销”

“鱼饵”是指以客户无法拒绝的方式，提供给客户最想要的成交介质。

这个定义有3个要点：

（1）“以客户无法抗拒的方式”。投放“鱼饵”一定要有技巧，“免费送”有时可行，有时就不可行。其具体的投放方式一定要符合客户的“接纳习惯”。

（2）“客户最想要的”。注意，是“最想要”，而不是“最需要”。“想”是一种主观的判断，而“需”带有客观的评价。一定要站在客户的角度，提供给客户最想要的东西，而不是我们“以为客户最需要的东西”。

（3）“成交介质”。因为“投鱼饵”不是做公益活动，我们最终的目标是成交，因此，“鱼饵”必须跟成交有紧密联系，从而让吃了“鱼饵”的客户，自然走上成交之路。

这三个要素缺一不可。

“鱼饵”跟产品无关，任何行业都可以设计“鱼饵”。其设计过程主要由3步构成，只要你掌握了这3个步骤，任何人都可以轻松设计出你的鱼饵。

（1）客户是谁?

（2）我们的产品能为客户创造的最大价值与好处是什么?

（3）客户成交的前置动作是什么?

“鱼饵营销”分为初、中、高3级。

6.2.1　初级的“鱼饵营销”

比如你是卖服装的，那么“鱼饵”该如何设计？用上面的方法试一下，那就是：

（1）客户是谁——那些想买衣服的人；

（2）产品的价值与好处——让客户更漂亮，更时尚；

（3）成交的前置动作——试穿。

所以，卖服装的销售员不能直接向客户推销衣服，而应该鼓励客户大量地试穿衣服。所以，你到服装店，店员基本上都会跟你说“看好就试一下呗”。因为只要客户试穿过几件衣服，总会有一两件让她满意的，最终成交。

初级的“鱼饵营销”我们总结一下，就是“从客户到价值，从价值到前置动作”（图6-5）。

图6-5　互联网时代

6.2.2　中级的“鱼饵营销”

大家知道，有个化妆品品牌叫DHC，这个品牌，在PC互联网时代曾经取得过巨大成功，他们用的也是这招——“鱼饵营销”。下面我们来看看他们是怎么做的。

DHC的“鱼饵”就是免费申领“DHC超人气经典套装试用装”。你如果想免费索取这份大礼的话，就要留下“姓名、电话、收货地址”等真实信息。而你一旦留下这些资料，那么几天之内，就会收到一封挂号信，信里装着一些小包的试用装。同时，还有一本杂志《橄榄俱乐部》，以及一张大报纸《真情留言板》。这三个就构成了一套非常有效的鱼饵系统，在这里，可以把它们分别称为名单工具、追销工具、信赖工具。

DHC当年就是利用这套“鱼饵”工具，只用了不到18个月的时间，业绩就突破了1个亿！

我们来分解一下，看看他们是怎么做的？

“4件试用装”就是“鱼饵”，是用来抓取潜在消费者，并让潜在消费者初步体验产品效果的。这个免费大礼包里包括“卸妆、洁面、滋润、呵护4件套装试用装”，对女性消费者非常有吸引力。但是，这个“鱼饵”，也就是名单工具，只能帮他们抓住名单，却无法直接吸引客户购买，所以还需要其他工具配合。

除了有产品的试用装之外，还有一本《橄榄俱乐部》杂志和《橄榄美肌》的产品小手册，这就是他们的追销工具。追销大家一定要重视，尤其是复购率高的行业，每一次销售都是下一次销售的开始。所以，你必须学会持续开发客户的价值，才能创造最大的收益。

信赖工具——《真情留言板》。其实，所谓的“真情留言板”，就是一张大报纸，上面摘录了很多客户的反馈留言，当然，都是对DHC产品好的评价。大家想一下，为什么他们要放这个东西呢？目的就是用众多客户的见证，来快速建立信赖感。

成交的速度，取决于建立信赖感的速度，而建立信赖感的速度，取决于提供客户见证的速度。客户见证越多，就越有说服力！

大家知道，在淘宝上买东西，很多人首先看的就是其他客户的评价，有一个统计，淘宝上的一个商品，如果被评一个差评，它的成交率会下降90%！这就是客户见证的力量！因为，客户想要的不是最便宜的商品，而是最值得信赖的商品，互联网上面不缺产品，而缺信赖感！

所以，当你的产品价格没有优势，质量没有优势时，你其实还可以打造一个优势，就是你的信赖感！有一个成交公式：成交=80%信赖+20%欲望。这个公式就告诉我们，与其大量陈述产品的价值与好处，不如大量地列举事实，来证明客户的真实体验与收益。

那么，我们就要继续深挖下去，为什么DHC的客户这么踊跃地提供客户见证呢？原因很简单，因为DHC在每卖的一套产品里，都附加了一张明信片，你只要在明信片上面写下你的评价并寄回去，那么DHC就再免费给你寄一套其他产品的试用装。

所以，你要明白，消费者都是“无利不起早”的！如果你不对消费者进行诱导，不给消费者好处，她们基本上都不愿意给你写好评，这也是很多淘宝卖家说“写好评，返5元现金”的原因！

所以，我们明白了，把名单工具、追销工具和信赖工具三者组合起来，就可以变成一套完整的

“抓潜在消费者、建立信赖、追销产品”的体系，这个就是“鱼饵营销”的进阶方法。

那有没有比这个更厉害的鱼饵营销设计呢？有的！比这个更高级的叫“锁定式鱼饵营销”。

6.2.3 高级的“鱼饵营销”

前面我们说了服装、化妆品等案例，这些案例销售的都是面向普通大众消费者的产品，如果你面对的是企业型客户，也就是说，如果你做的是B2B企业，销售的是工业设备、半成品、原材料等，那么“鱼饵营销”也一样有效吗？答案是“YES”！

有一家生产电热供水设备的公司，主攻企事业单位所使用的电热锅炉产品，是典型的B2B企业，我们来看看他们是怎么设计“鱼饵营销”的？

他们设计了一种特殊的一次性纸杯，来提供给潜在的客户企业。这种一次性的纸杯可以免费提供给客户使用，每个月持续提供，客户一般都不会拒绝，纸杯上印了“**公司，VIP专供”的字样。

大家想一下，为什么要设计这样的纸杯呢？

因为它同时满足了“锁定式鱼饵”的4大标准，可以轻松锁定企业型的客户。

（1）高曝光率：企业都要招待客户，都会使用纸杯，所以，使用的过程，就会把纸杯上的字显示出来，等于为这个公司做了广告。

（2）高吸引力：纸杯虽然不贵，但免费提供给企业客户，他们当然也很喜欢。

（3）低成本：纸杯这种东西，成本相当低廉。

（4）持续性好：纸杯是一次性的易耗品，使用一次就要丢掉，所以，每个月都需要更新一批，这样就为这家公司提供了持续促销的机会。

所以，一次性纸杯虽然不起眼，但却是最适合的“鱼饵”！其实，最容易嵌入企业型客户中的，就是常见的办公易耗品，比如一次性纸杯、纸巾、文具等，甚至包括报纸、杂志、鼠标垫。

因此，我们可以看出，“鱼饵”就是跨越买卖双方鸿沟的桥梁，“鱼饵营销”就是对销售过程的巧妙优化。希望大家都学会这种营销方法，只要你能巧妙地设计好自己的“鱼饵”，你就能去快速地获得客户，并快速地打开市场。

本章要点

（1）了解微信公众号的目标分析。

（2）掌握微信号钓鱼策略。

SEVENTH

07

第7章 微信营销活动的策划

※ 微信公众平台的创新营销玩法

※ 打造微信的销售服务

※ 微商如何在节日做营销策划活动

7.1 微信公众平台的创新营销玩法

随着社交化媒体的崛起，现在各大企业都在玩粉丝经济，以前是谁有流量谁就赢，现在谁有铁粉谁就赢，大家都在玩圈子，做互动，引粉丝。微博如此，朋友圈如此，微信公众平台同样如此，有了粉丝，品牌才能更快地传播和巩固。于是微信公众平台粉丝的增加与维护成了企业在推广品牌时最为关注的问题，而抛开各种营销互动手法，微信公众平台的创新营销活动、创意营销对于吸粉和粉丝维护有非常大的效果。

下面是一些微信公众平台创新营销玩法的案例，排名不分先后。

7.1.1 中国联通

中国联通推出支持全国用户使用的新版微信营业厅，如图7-1所示，用户关注中国联通微信公众账号后，即可进行互动，享受新版微信营业厅更广泛和更便捷的服务。用户不仅可以了解中国联通最新的优惠活动、套餐及终端信息，还可以查询话费、账单，办理流量包、开通国际漫游、充值交费等各类业务。

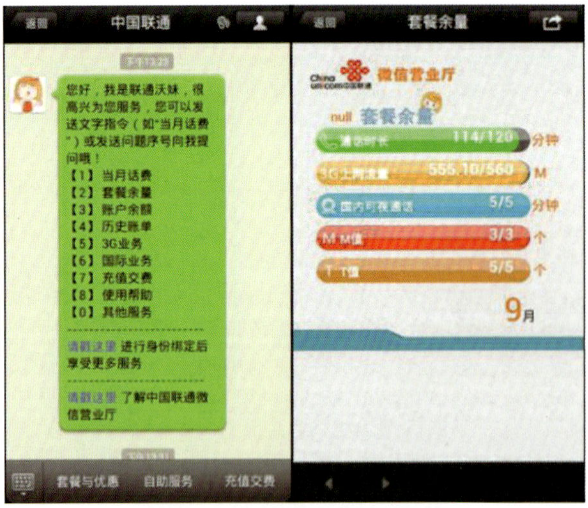

图7-1　中国联通微信公众号

7.1.2 天猫

天猫微信公众平台当属个性化营销平台，如图7-2所示，有喵星人、五折先生等五花八门的东西，经常会有各种好玩的小游戏、活动，再结合红包、打折，很好地吸引粉丝，在游戏消遣中得便宜，谁不乐意？

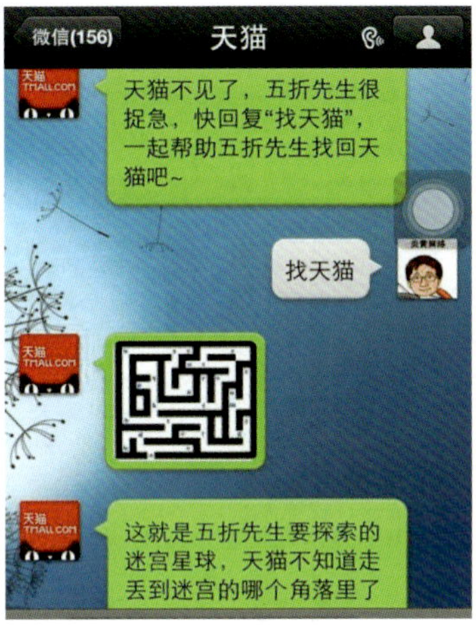

图7-2　天猫微信公众号

7.1.3　招商信用卡中心

招商信用卡中心微信公众号用微信解放客服，利用手机随时随地的查询账户的信息，全部自助完成，节省了很多客服的工作时间，也方便了用户的操作，如图7-3所示。

图7-3　招商银行信用卡中心微信公众号

7.1.4　植物医生LOTIONSPA

植物医生LOTIONSPA微信通过与其天猫旗舰店相互打通，将微信作为电商平台，如图7-4

所示，成功地将消费者导入到其天猫旗舰店中，不仅自定义菜单规划得好，而且通过商品的橱窗展示，让植物医生LOTIONSPA的店铺及商品能够直观地展示给粉丝，并在展示页面添加天猫旗舰店的链接，成功完成电商导流。通过自定栏目进行对话内容设置，能够智能分析是否要进行商品搜索，同时与植物医生LOTIONSPA天猫旗舰店商品同步，快速展示搜索结果，粉丝可以直接点击进入手机淘宝轻松下单。

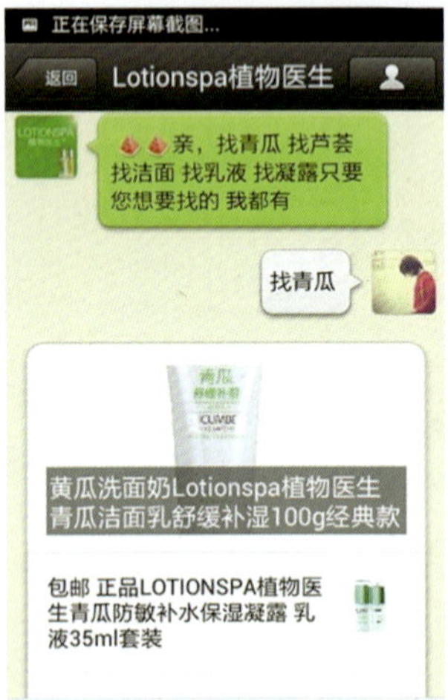

图7-4　植物医生微信电商平台

7.1.5　斑狸

斑狸的亮点是互动游戏，这个号称“宇宙首款微信RPG”的公众账号将自己变成了一个微信游戏。粉丝可以通过回复不同的章节进入不同的游戏环节。整体效果非常好，公众平台会一步步引导你探索新的奇遇。对于有着极强好奇心的用户，如果想消磨一下时间，斑狸肯定是一个比较好的选择，如图7-5所示。

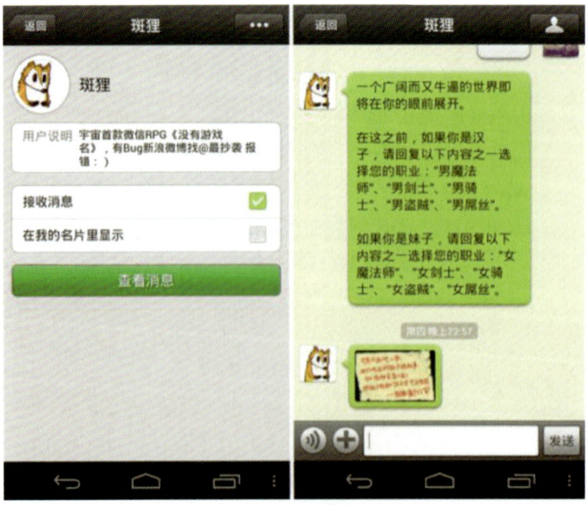

图7-5　斑狸微信公众号

7.1.6　兄弟玩网页游戏

这个和斑狸类似，兄弟玩网页游戏是闯关游戏，把创意、广告、游戏很完美地结合起来，在粉丝玩游戏的过程中，广告已打出，如图7-6所示。

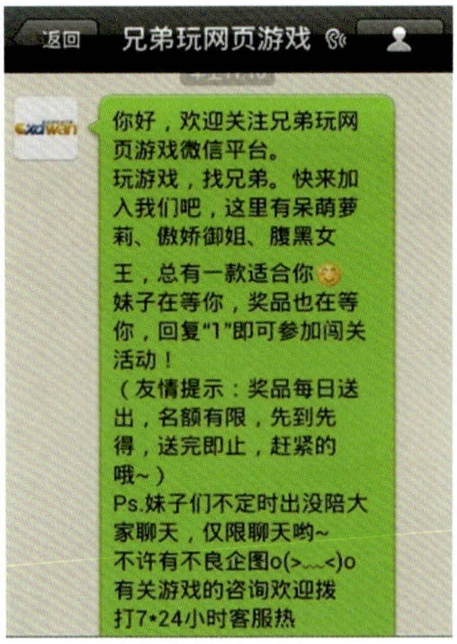

图7-6　兄弟玩网页游戏微信公众号

7.1.7　美图秀秀

美图秀秀自制的微信功能非常齐全，这样的微信公众账号给人的感觉就是很有技术，一进来就有秀一把的冲动。本身美图秀秀就是一款P图软件，更应该强调技术的主导体验性。这一点做得很好，给用户不一样的体验，从众多公众号里脱颖而出，如图7-7所示。

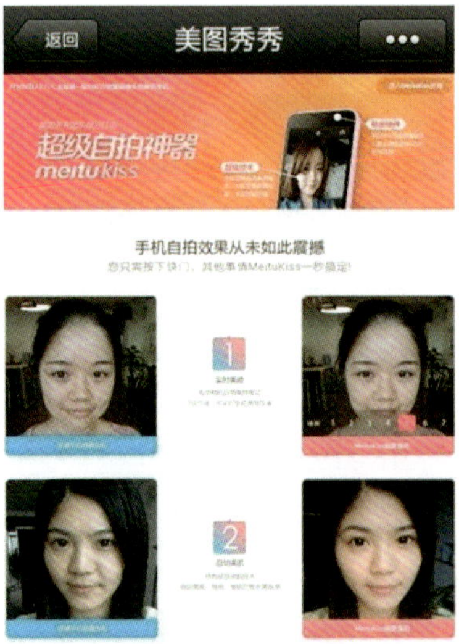

图7-7　美图秀秀微信公众号

7.1.8 柚子舍

柚子舍公众平台是首个尝试微信传图识肤质给意见的微信，上传一张最近的脸部照片立即反馈肤质情况信息，柚子舍率先推出“美丽真相”“明星脸”两个与美容护肤相关的测试，可以通过微信的互动，测评出网友的皮肤状况及年龄情况。当然也许结果很多时候都不准确，但是这一创意应用让网友率先知道了它，如图7-8所示。

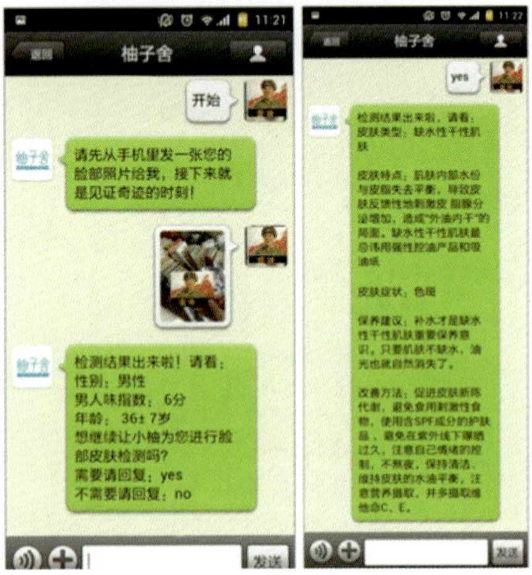

图7-8　柚子舍公众号

7.1.9 北京电信

北京电信微信公众平台直接把电信网上营业厅搬到了微信上，查询、优惠、促销、充话费……样样都可以干，非常方便，如图7-9所示。

图7-9　北京电信公众号

7.1.10 飞亚达

飞亚达微信公众平台以高考为主题，以考卷的形式，结合近期热点，拟出网友们喜闻乐见的题目，简单易做，参与门槛低，提高粉丝们的参与热情，并适当植入飞亚达信息，实现吸引粉丝关注飞亚达会员俱乐部微信的目的。趣味性加上利益的驱动很容易把普通粉丝变成忠实粉丝。而且在朋友圈中也会得到相应的传播，那么就会带来更多的新粉丝，如图7-10所示。

图7-10　飞亚达公众号

7.1.11 布丁酒店

布丁酒店微信公众平台可预订、退订、查找附近酒店，预订界面展示人性化，很方便就可以预定附近的酒店，而且还有优惠，如图7-11所示。

图7-11　布丁酒店公众号

7.1.12 快捷订酒店

快捷订酒店微信公众平台根据地图位置推送附近的酒店给粉丝，直接发送当前位置就可以为你推送他们家附近的连锁分店信息给你，把预订酒店、地理位置以及微信很好地结合起来，再也不用担心找不到附近的酒店了，如图7-12所示。

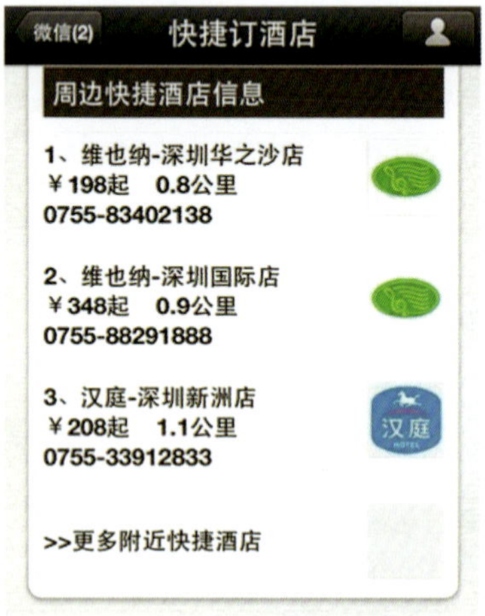

图7-12 快捷订酒店公众号

7.1.13 景点打折门票

景点打折门票微信公众平台和上面的快捷订酒店一样，根据附近位置推送打折门票信息。微信上直接就可以根据地图位置来推送附近的打折信息，如图7-13所示。

图7-13 景点打折门票

7.1.14　长虹电视

长虹电视微信公众平台发起的“越扫越土豪”的互动活动，在长虹电视微信公众号中打开“越扫越土豪”活动，生成自己的二维码，将这个二维码分享给好友，邀请他们扫描你的二维码即可累计金额，兑换不同面值的电话充值卡。整个活动用了6小时50分钟就完成了5万话费的发放，活动当天增加了20421个微信粉丝，不仅增加了新粉丝，而且沉淀和活跃了老粉丝，如图7-14所示。

图7-14　长虹电视公众号

7.1.15　三只松鼠

三只松鼠微信公众平台利用三只卖萌微信主持人（松鼠）来维护公众平台上的粉丝，在关注三只松鼠后就有三个主持人出来引导粉丝操作下一步，这种方式很容易勾起粉丝的好奇心。整个过程轻松诙谐，其实他们目的还是推广他们的森林坚果食品，但这样的方式吸引了消费者，很多粉丝都很喜欢，如图7-15所示。

图7-15　三只松鼠公众号

7.1.16 对爱

对爱微信公众平台是一个让你快速交异性朋友的平台，如图7-16所示，也是基于地理位置的服务，关注成为会员后输入当前位置就立即推送1个异性会员过来，换人、换性别、换年龄，全部可以自定义回复完成，让你找到完美异性！

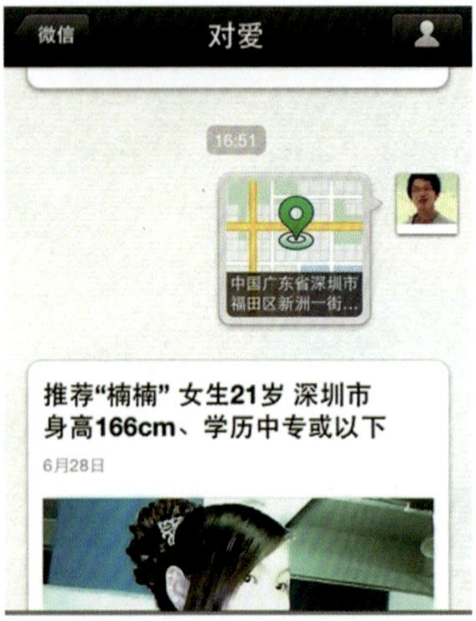

图7-16 对爱公众号

7.1.17 南方航空

南方航空微信公众号打通了其订票和查询系统，如图7-17所示，省去其在PC机上操作的不便捷，这和电信、联通的打通线下、PC与微信公众号是一样的，关键是敢不敢走出这一步。

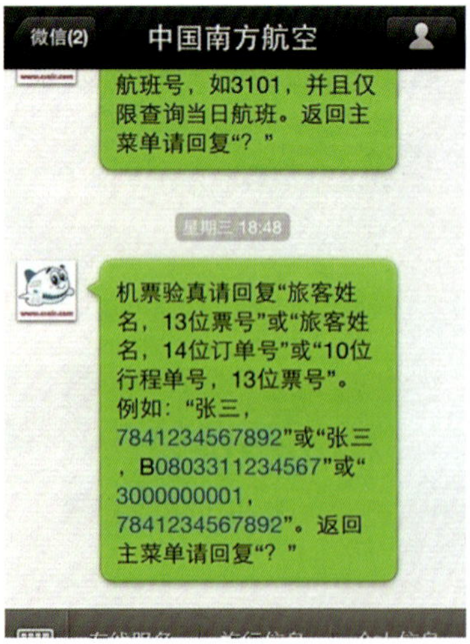

图7-17 南方航空公众号

7.1.18　荔枝FM

荔枝FM微信公众平台智能听歌的创新自定义菜单功能颠覆了普通文字的模式，如图7-18所示，让粉丝可以自主找到自己的需要，不用大费周折地去浪费时间。

图7-18　荔枝FM公众号

7.1.19　醉翁亭

醉翁亭微信公众平台很早就开通了微信会员卡，如图7-19所示，而且比较上心，是真正在玩会员卡。醉翁亭很少推送一堆信息，推送的多是美食促销打折信息，这与会员卡作用很好地结合起来。

图7-19　醉翁亭公众号

没有创新就缺乏竞争力，没有创新也就没有价值的提升。什么叫创新？每个人的看法都不一样，但创新都有各自的特色，有发光的地方，就像上面的创新案例都很值得借鉴。要么就是利用有创意的游戏、活动带动微信营销，要么直接把自己的特色服务、产品等做进微信公众平台，做别人没有做的，与别人做得不同。总之微信公众号的运营要有创新的玩法，只是每天发文章不够，光做一次活动也不够，需要更深入地了解用户，与用户沟通，把自己的服务、产品等更个性化地展现给粉丝，并偶尔做出一些互利互惠的创意活动。

7.2 打造微信的销售服务

对于很多企业来说，做微信营销就是为了做好企业的销售流程和服务流程，我们不论在做什么行业，选择哪种营销方式或是哪种营销流程，最好都要形成一定的标准。下面就和大家分享一些微信营销实战秘籍，希望对大家有所帮助（图7-20）。

图7-20 微信营销

7.2.1 销售活动前，做好“预热”工作

微信不断地发展和完善，已经成为很多企业的一大营销利器，我们现在可以看到很多企业都在使用微信来做宣传，甚至用来销售产品，但是这并不代表着每个企业都能够做好微信营销，很多企业只是看到微信营销的火热，更多的是一种盲目跟风的状态，并没有取得很好的成绩。那么企业应该怎样做好微信营销呢？在做微信营销规划之前，一定要做好预热工作。

通俗地讲，就是在做营销之前要进行一系列的调研策划，这包括对企业用户的定位、市场调查、用户需求点等相关信息，这样我们才能有针对性地制定我们的微信营销计划。

7.2.2 借助节假日，打造营销热潮

想要让微信营销效果取得更大的突破，就要更加注重实战技巧，而这些技巧很多都是顺时而为，比如杜蕾斯的营销案例，很多都是根据一些热点事件或者节日假期来做营销。下面和大家说说如何利用好假日来做营销，在一些节日的时候，用户对很多品牌的关注度会增加，这是为什么呢？

第一，用户在节日的时候会比较清闲，节日是一个十分适合购物的时间，所以商家会在这时推出一些优惠活动，吸引用户购买。

第二，用户在节日会选择给朋友、家人送礼物，而这更助推了节日的品牌营销热潮。

正是因为上述两个原因，商家要想打造成功的微信营销，就一定要抓住节日，借助节日气氛来营造一个营销的浪潮。

7.2.3 创造价值，诱发目标人群的兴趣

如果客户能够很有兴趣地看完你的产品说明，无疑客户一定认同你所销售的产品或服务，说明你离成功的目标又近了一步，而能不能吸引客户的兴趣，一方面与消费者本身有关，另一方面与企业自身有关。

7.3 微商如何在节日做营销策划活动

逢年过节，向来是商家开展营销的重要节点。元旦前后，又一轮微信营销大战即将开启，那作为微商，该如何应对（图7-21）？

图7-21 微商

7.3.1 微商节日促销，前期准备很重要

微商在搞促销活动前，首先要明确向谁传播（确定信息接收者），传播什么信息内容，何时何地传播。而在具体策划上，有几项工作必须做好：

（1）微商促销需要准确定位，主题鲜明。到底是传达给消费者品牌形象还是现实售卖。

（2）确定微电商促销的最佳方案。除了事前周密的计划和人员安排，还要有一个好的方案把活动目的和主旨深入到每一个人心中，充分调动其积极性，要对促销人员进行详尽的微信促销方案及细节培训。

（3）确定微商促销时间，促销时间宜早不宜迟。最好比对手早三天，以免被对手抢先。再好的策划也要把握好时机。

（4）营造好微商促销现场氛围。如促销广告要出彩，微商“装修”要恰到好处，刺激顾客的购买欲望。

（5）制定一个恰当的销售目标和激励方案，折扣要明显，不要搞得太复杂，让人感觉便宜，这样的微商促销方案成功概率大。

（6）控制微商促销成本，要“因己制宜”，这样才能有较好效果。在做好让利促销前，一定要做好预算，这点很重要。

（7）做好评估总结，为下次微商促销活动积累经验。

（8）最后一点，也是最重要的一点。微商不同于实体店铺，实体店店面固定，消费者只要走进店铺的大门，所有的商品几乎一览无余。但是微商则不同，没有实体店面，如果引导做得不好，客户很容易就流失掉。

7.3.2 节日促销如何巧妙营造氛围

节假日促销，目的是处理季节性产品和品牌形象推广。微商的品牌形象主要通过店面装修和商品包装来呈现。

（1）微商整体装修要突出节日氛围。微商的招牌、导航、促销区甚至商品描述模板都有必要加入节日元素。

（2）将微商的招牌上加上“节日快乐”等字样，可别小看这么微小的调整和这么一句老土的祝福语，在节日期间是非常有效果的。我们能明显地感受到，一看到这句话，每一位进入微网站的顾客都显得分外开心，如此一来，让顾客对微网站产生了亲切感。

（3）通过各种渠道让消费者了解店铺正在促销，给整个微商营造一个火热的促销氛围。

[注] 整体的装修风格要协调、统一，不然会给人杂乱无章的感觉。

7.3.3 案例解读：微商促销如何找到最佳让利点

每逢佳节，无论是实体店还是微商，打折之风扑面而来。打折的目的是促进销售，我们只有了解了消费者的需求，才能真正达到促销的目的（图7-22）。

大部分营销专家的共识是：将有限的资金投资在可以刺激消费者的促销活动上是比较明智的营销办法。值得留意的是，节日的促销切勿过分依赖于单纯的降价打折上，会破坏企业的品牌形象，影响后续的销售。替代性的策略是，能够考虑提高产品的附加值和增值服务，这样在增加短期销量的同时，不会对已经购买的消费者造成太大的负面影响。

图7-22　微商促销

根据消费者不同的消费额送出不同的红包，这种方式其实是巧妙的打折。及时启动季末让利工程，让利可以有多种模式，比如通过转盘让已经买鞋的顾客去争取他们可能得到的让利方案，或者直接在促销款上用标签标明。当然，最有效的还是推出系统性的让利方案——买多少按相应比例让利。同时也可以进行巧妙的捆绑销售。活动前，根据所有促销款的风格，做组合捆绑系列。总之，让利总是消费者感兴趣的。不过，在做好让利促销前，一定要做好预算，这点很重要。

7.3.4　微商促销效果评估与促销方案的修正

很多店主做完促销就算完了，其实还有一项非常重要的工作没有做。那就是促销效果的评估与促销方案的修正。总结经验教训，将有利于今后促销工作的展开。

任何一项促销活动都不可能事先就知道一定是切实可行的，在促销活动执行到一定时间后，我们就需要对活动效果进行评估。

7.3.5　变相折扣

变相折扣是通过一些间接的方法来让客户得到实惠，这个操作起来其实比较简单。

（1）多买多送。买100送20，买三送一，买五送二，很容易。虽然利润可能会相对降低一些，但是商品销售出去了，减少了库存，增加了流动资金，还是很有必要的。

（2）加量不加价。给客户多一点实惠，最简单的是加量不加价，具体操作得根据自己店铺的商品来弄。

7.3.6　促销过程中要跟踪各项数据

一方面，看浏览量、看销售量。这些数据都需要横向与纵向比较，用当前浏览量、成交量与历史浏览量、成交量进行对比。用同行业竞争对手浏览量、成交量与自己的店铺相比较。这样双方面比较出来的结果才是真实的促销效果。

另一方面，通过消费者的反馈，了解消费者的需求和对促销的满意度。来自消费者的需求才是最真实的声音，对卖家的促销方案修正将起到不可忽视的作用。

7.3.7　促销过程中有必要随时修正方案

如果促销进行当中发现各项数据比平时没有好转，可能说明你采取的促销手段并不吸引人，就需要对促销手段进行修正。

本章要点

（1）掌握微信案例的玩法与创新。

（2）借助节日促销打造活动。

（3）微商活动策划与促销。

EIGHTH

08

第8章 微信朋友圈的运营策略

※ 如何在微信朋友圈打造个人品牌

※ 朋友圈的成交策略设计

※ 微商朋友圈如何不被用户屏蔽

8.1 微信朋友圈的社交优势

社会是由人组成，人与人之间的关联就形成了朋友圈（图8-1）。互联网改变了人们的生活方式，尤其是人们的交往方式。从电话到QQ再到微信，无实物与轻应用正在变得越来越流行，越来越重要，人们的朋友圈经历着从小到大的变化。微信朋友圈正是我们现在经历的阶段。

图8-1 人与人之间的关联

微信朋友圈是微信的一个独立社交圈子，以微信息、微动向著称，正在逐步成长为当下人们关注度最高的社交圈。跟以往或现在其他社交产品相比，它有什么优势呢?

首先，它的操作非常简单，有利于信息的随时随地发布更新。QQ空间和新浪微博是与微信朋友圈性质相似的产品，都可以发布自己的最新动态，但是微信朋友圈可以非常快捷地上传配图，可以现拍也可以从内存里面找。

其次，它是一种双向关系的确立，在一定程度上增加了用户的安全感。

相比微博，在微信我们更清楚和你成为好友的人是谁，因为微信朋友圈的相对空间比QQ和微博小，就算是陌生人也可以查看到对方的十张照片，对其有一个初步了解，而不像QQ空间有访问设置。

而且因为没有转发，不用担心被别人评论的动态被不熟悉的人看到，所以我们一般会愿意在微信朋友圈里面发布一些真实感受，分享一些私密照片。好友的评论会在朋友圈置顶，并且可以一直保留。照片在收到评论和回复时，只会通知互动双方，并且照片评论者们只有在互为好友的情况下才能看到对方的照片评论，这又进一步加强了朋友圈的私密性和安全性（图8-2）。

图8-2 微商朋友圈

最后，朋友圈营造了一种更加舒适的信息氛围。

与此同时，所谓的心灵鸡汤、心理测试、星座密语以及各类的大号商业转发越来越多，微博平台的公共环境变得越来越差，人们变得压抑、烦躁和厌倦，于是微信朋友圈晾晒生活的小清新吸引了很多人的目光。微信提供人们一个舒适的信息环境，一个可以在里面轻松地说话，与密友一对一交流的空间。

8.2 朋友圈广告的优势和劣势

图8-3 微商朋友圈广告

随着社交软件开发技术的日益完善，微信、微博等一系列社交软件成为人们生活的一部分。

互联网的快速和不受空间时间限制等特点让一些对金钱有着敏锐嗅觉的商人也从中找到了商机。以微信为例，通过短短几年的时间，用户群体达5亿，建立在如此庞大的用户群体基础上，大量的广告纷纷涌入。从微信朋友圈着手，着重分析微信朋友圈广告发展的优势与劣势，以便更好地拓展微信广告的发展空间（图8-3）。

8.2.1 微信朋友圈广告的诞生

作为国内即时通讯领域的领头羊——腾讯，当然不会对当下的互联网市场的变化无动于衷。2012年3月，微信用户数突破1亿大关，而这个数据到2015年增长至5亿。然而微信朋友圈的诞生使人们更加依赖微信，根据微信团队监测的数据显示，微信朋友圈每天的发帖数量已经远超微博最辉煌的时期。如今，微信不单单是一款即时通讯的手机客户端了，它更成了商家获利的一个平台。基于如此庞大的用户群，微信终究无法免俗地利用广告来作为盈利手段。业内预估，朋友圈广告初期一年可为微信带来50亿的收入，未来或可每年贡献100亿收入。很多用户担心朋友圈若充斥大量的广告反而变味了，而微信官方则称：“这会是首款由用户决定是否存在的广告。”我们在打开朋友圈界面时会发现，用户只要点击朋友圈推广信息上的“不感兴趣”按钮，即可屏蔽广告，并且广告数量并不多。这也是微信比微博更聪明的广告营销方式，这种完全由用户来把握选择权的方式，并不那么令人讨厌。然而除了微信朋友圈的官方广告之外，还有一种新型的营销方式闯进了我们的生活——微商的出现。

8.2.2 如雨后春笋般诞生的微商

我们现在看到，不仅微信官方推出广告，微信用户也能凭借自己的好友，在微信朋友圈发布个人广告，这使不少人从中盈利，成为现代互联网创业中新兴的创业模式。普通账号基于个人在手机登录后，可以通过加QQ好友、查看附近的人、摇一摇、建立微信群等方式来圈粉丝，在营销上可主动出击，伸缩自如。我们会发现身边的同学、朋友、亲戚都不约而同地做起了微商。微商的时代已经到来，微商利用朋友圈发表图片的功能，以文字加图片的方式润物细无声地进行产品宣传。他们从代理商入货，卖的产品以面膜、化妆品、瘦身产品居多。虽然没有具体的数据统计微商的数量，但据业内人士估计，微商经营的人高达千万。微商发展的速度着实惊人，每个人的朋友圈里至少有一个微商的广告。微商的广告与官方的广告截然不同，官方的广告可以自主选择，而微商则会一直刷屏，使用户在不得已的情况下只能选择屏蔽。

8.2.3　微信朋友圈广告的优势与劣势

1. 微信朋友圈广告的优势

现阶段国内使用微信的消费人群大多集中在中青年群体，这部分人群时尚观念较强，购买欲望也较旺盛，属于社会的中坚消费群体，而且极易受到外界信息的影响。微信广告大大缩小了目标受众。由于微信大多是与亲朋好友沟通的工具，微信广告在朋友圈里的传播增强了广告本身的信赖度。

手机微信广告推广的最大优势就在于它的移动性，现代社会，手机不可避免地成为人们生活的一部分。因此，广告填充在这个领域，尤其是以休闲为目的玩手机的用户，能够静下心来接收信息，并且能够进行评论和互动分享，这样更有利于广告信息的传播。

“免费开店”的形式也使大量商家获得更多的利润，智能手机的普及是大势所趋，微信用户群体不断壮大也扩大了微信广告的发展空间。

2. 微信朋友圈广告的劣势

虽然微信朋友圈营销能带来诸多的利益，但是依然有一些缺点，微信朋友圈个人营销存在着非理性营销。微商大肆地在朋友圈刷屏广告，有时还夸大了产品的作用甚至出现虚假销售，造成微信用户利用拉黑、屏蔽的手段来获得朋友圈的清净。对于这种现象，微商应该在广告创意上更下工夫，用心经营好每一条广告。产品的质量要过关，才能提高用户对产品的信赖度，也不会遭遇被拉黑的待遇。

微信营销定位不明确。大部分的微商在没有分析客户群体的基础上就一味地宣传广告，这就像一个人要买青菜你却让他买鸡蛋，产品的定位不清楚，所有的广告都是无用的。这就要求微商仔细分析自己的产品，定位自己的用户群，才能更好地发展。

最重要的一点则是微信用户的认证问题，微商并没有官方广告的品牌效应，也没有微博的V字认证。客户在选择时更偏向于官方认定并且有保证的店铺，所以用户的信任度在此也成了一个难题。

由于微信软件自身的局限性，用户无法得知对方是否在线，也给交易造成了困扰。当卖家与买家沟通时，无法及时地得到回复，也降低了交易的效率。

以上所说劣势，是微信个人营销里面比较容易发现的弱点，所以在未来的发展过程中，如何将这种弱点扭转，发挥微信朋友圈营销的最大优势，才是需要思考的问题，我们应该理性地对待微信朋友圈营销，当然微信的潜力也是我们不能忽视的。

8.3 如何在微信朋友圈打造个人品牌

在微信上卖东西，和淘宝有着本质的区别，淘宝更多是重视商品的描述、店铺的装修、店铺好评度、客服服务，还有淘宝保证金作为保障，顾客对掌柜是谁根本不在乎。不过现在有很多淘宝店铺也是走个人品牌路线，并且效果都不错。如胡公子、墨子坤、黄小姐打底裤、木木三等淘宝店，掌柜的个人色彩很深，很多人都是冲着店铺的掌柜去购买，并且忠诚度很高，好评也都非常不错。尤其是那些服装设计品牌，小而美的店铺多是如此。

所以在微信上卖东西？个人品牌很重要，让朋友圈的好友对你产生信任很关键。

我们如何让一个陌生的朋友对你产生信任，这个显得尤为重要。在微信上，我们的商品描述不能做到淘宝那么全面和详细，也没有所谓店铺装修（微店除外），更没有什么评价体系，也没有保证金，如何让人对你产生信任，购买你的产品。客户都是先付款，再发货的，都是通过支付宝直接付款或银行转账，这些都是基于对你的一种信任。

那么如何在微信圈朋友打造你的个人品牌，让你的朋友圈好友对你产生信任，今天给大家分享几种方法。

8.3.1 一个好的微信名和头像

微信名称最好是产品名、公司名，用品牌名+你的名字，这是最好的一种，如农味网阿文、有机哥曹易等名称，既可以突出你的品牌或公司，又可以让人记住你的名字（别名也行），感觉很真实。头像也需要注意，很多朋友的头像都是风马牛不相及，和你的产品，或者和你的本人没有太大的关联。

8.3.2 微信内容要真实，让人感觉到鲜活的生命

要做真实的自己。因为在微信里，大家没有见过面，都是通过微信进行了解。在微信上卖东西，不能太急，要一步一步来，切莫太过急功近利，这样反而会适得其反。

每个产品，每个人，都可采用不同的方法，但是唯一不变的是，必须要将你真实的一面展现出来，要让大家感觉到你鲜活的生命，对你产生兴趣。

8.3.3 尽量在网络上多露脸

如果你能写软文，懂分享，建议多去露露脸，微信时代就是自媒体时代，需要分享精神，需要把文章升华。

8.3.4 借助外力提升自己

微信里有各行各业的大佬，他们都在某个领域有一定的知名度和权威性，你必须要想办法得到他们的支持和帮助。建议可以加入一些大佬比较多的群，尽量吸引这些大佬的关注，多和他们交流、沟通和分享。多参加一些行业的论坛交流会，多向他们请教，做朋友。只要与这些大佬成为朋友之后，就有机会为你宣传，为你推广。

这是一个非常好的品牌宣传方式，可以马上让大家产生很强的信任感，就好像有一个人为你做担保一样。这里必须强调一点，你的人品必须够好，你的故事够感人，你够诚实，够谦虚和够真实。

微信和淘宝的区别很大，做过淘宝的人就明白其中的缘由。而微信是社交社区化平台，是关系营销，是个人品牌的营销，所以在微信上要以人为本，步步为营，得到他们的信任，一切自然水到渠成!

8.4 微信朋友圈如何选产品

8.4.1 保证正品

朋友圈是一个基于熟人或越来越熟的人的圈子，在这样的圈子中你是有一定信任度的，信任这个东西绝对不能当作儿戏，你的销售也建立在信任之上，你在给朋友带来放心、带来价值的同时，朋友也会对你更加信任。

8.4.2 因势而入

首先你选择的行业尽量是朝阳产业，也就是说这个行业的势头是不断上升的，你跟着这个势来做，相对会容易很多。雷军说过，创业找到一个“台风口”，是猪也能飞起来。所以找到行业势，让自己飞吧。

目前几个比较主流的朝阳产业是健康、教育、现代农业、医疗、娱乐业等。

8.4.3 市场需要

你所选的产品必须有一定的市场，并且会不断扩大，满足业务的扩张。这个人群最好是品质生活或高端生活的人群，而你做的产品是他们生活中不可缺少的个性化用品，比如美容、美睫等。或者是功能性产品，比如佩戴型、礼品型、保健型等。

8.4.4 单价要高

在做之前你要考虑你要做多大的销售额，需要多少朋友圈好友才能转化出来你想要的量。例如你预计要做到月50万，你朋友圈100人可以转化5到20人，你要做的产品单价多少你才不会太过劳累，你的朋友圈多少好友你能够兼顾地服务过来。

8.4.5 再次消费

首先我们的微信营销是以情感、价值为主的，朋友的再次消费可以加深相互之间的关系，如果朋友消费一次就不需要下一次了，你还真得花钱把6亿微信用户加一遍才能做好吧。

而且你要注意重量问题，如果你做喜糖，2000~3000元的喜糖，多的就100多斤，运费真的很贵，除非你品牌比较好，品牌溢价高，运费可以承担得起。

8.4.6 代理分销

如果你不想做得那么辛苦，可以找一些代理来分销，你乐得清闲，销售额也会上去。一般做得好的，都会有自己的客户成为代理，因为客户自己用得好，推荐给朋友也会更具有可信度。所以你要选产品就要选可以招代理的产品，这样发展起来也会更有优势。

朋友圈做产品务必要仔细、谨慎，做一款自己非常有信心的产品。

8.5 朋友圈创业的4大硬性条件

现在微商越来越多，很多人看着别人赚钱自己也盲目地跟着，殊不知这其中需要很多技巧，有很多注意事项，如果你前期没有足够了解，很可能会把自己做死，在这里分享点要注意的事项（图8-4）。

图8-4 朋友圈代购

8.5.1 一定的好友数量

你的微信上要有一定的好友数量，如果只有十几个好友是无法在微信上创业的。个人认为前期至少要有300个好友，而且必须是高质量的目标客户。做微营销其实就是做客户数据营销，客户数量的大小，决定了你的财富大小。

8.5.2 产生信任感

你也许会说，不就卖个东西，跟你的个人头像有什么关系呢？如果你真这么想，那你就错了。通过微信卖东西时，对方看不到你，只能看到你的头像和名字。不要小看这一张小小的图片和简单的几个字，往往就是它们让微信好友对你产生了信任感。所以一定要拍一张高清的头像，争取让微信好友一看你的照片就知道你是做什么的。有朋友问我：我用产品照片做头像可以吗？我用二维码做头像可以吗？我用公司LOGO做头像可以吗？个人回答是：最好不要用。因为朋友圈是个私密的圈子，你用产品、二维码、公司LOGO就会无形中拉开与粉丝间的距离，而且现在会扫自己手机上二维码的人并不多，这些基本上都是无用。微信建立的是一种关系，用自己真实的头像最容易建立信任。

8.5.3 尽量增加社会人脉

增加社会资源对于刚刚毕业的大学生来说比较难，已经工作几年的人，肯定认识和结交了一些其他的朋友，如客户、合作伙伴等，也就是说已经有了一定的资金、人脉。只要能够得到他们的支持，再进行微信朋友圈营销，就一定会取得好的效果。

现在很多人用微信朋友圈卖出上百万的海鲜、上千万的大米，其实他们靠的都是自己拥有的资源。如果你的微信好友都是高质量的粉丝，身价上百万、上千万，你卖高价产品将是一件非常容易的事。所以增加社会人脉，也是微营销成功的一个必要因素。

8.5.4 培养扎实的文字功底

微信营销都是靠文字打动人的，如果你不会用文字描述，只会发图片，那么可以肯定你即使能吸引别人注意，也不可能完成销售。一个好的产品，是需要精彩的文字去支撑的。文字能吸引读者的注意力，这样才会有生命力。如卖衣服的朋友，若直接将衣服图片和衣服的颜色、款式、号码放上去，这样会有效果吗？经常这样，你的朋友都厌烦了，关系好一点的朋友还好，如一般的关系或者不认识的朋友，他们肯定会把你拉入黑名单。所以，做微信朋友圈营销，必须有一定的文字功底，至少也要能把这个产品描述清楚，把自己产品的独特卖点写出来。

8.6 如何设置微信的朋友圈封面及介绍

常常想要更换微信朋友圈中自己个人主页的封面，却发现怎么剪裁显示出来都不好看，微信朋友圈封面怎么弄好看？怎么剪裁微信朋友圈封面？尺寸如何？

这里需要注意一下，因为无论如何剪裁，微信朋友圈的封面都是只显示一小部分的，常规尺寸为300*480。

8.6.1 朋友圈相册管理的4种规划技巧

微信朋友圈要向粉丝传递价值，最好的办法就是采取图文结合的方式编写软文向粉丝传递价值。如果粉丝看了微信朋友圈里的封面，接下来想进一步了解你，那么他就会阅读微信朋友圈相册里的内容。所要我们在朋友圈里发的内容也非常重要，这决定了粉丝怎么看待我们。

图8-5　微信朋友圈点赞

1. 企业产品

通过分享企业产品照片，让粉丝更了解产品，并激发粉丝购买产品的兴趣。分享企业产品照片时要注意，要分享产品的各个环节的细节照片，以增加产品的真实性（图8-5）。

2. 自己的生活照

分享自己生活照的好处只有一个，就是增加粉丝对自己的信任度。其实做微信营销只有一个目的，就是增加粉丝的信任度。因为在成交之前，解决了信任问题，成交将变成一件很容易的事情。分享自己真实的生活照，会让粉丝感到他是在和一个真实的人交往，而不只是一个活在微信里的虚拟的人。分享的生活照必须是表现自己生活中正能量的照片，因为每个人都希望跟一个有正能量的人交往。

3. 照片和内容相符

如果你分享的内容是健康方面的，那么自己发的照片也应是健康方面的，这样可快速引起粉丝的共鸣。

4. 幽默照片

每一个人都希望自己的生活充满幽默感，如果每天你分享的都是关于正能理的内容，那么就表示你的生活就像打了鸡血一样，这会让人觉得厌倦、无趣。不要把自己搞得太严肃了。

8.6.2　朋友圈内容编辑的5种技巧

1. 具有较强的专业性

你写的内容更专业。比如写美容相关的文章，作者对于美容专业知识一定要非常了解，并且提出独到的见解。再比如，要写一篇关于微信运营方面的文章，那么要想达到一定的推广效果，就必须对微信运营相关知识有一定深度的了解，还要结合自己的实战经验进行总结，不然你写出来的文章激发不了读者的分享热情，看的人就不会很多（图8-6）。

图8-6　朋友圈的内容

2. 能够给读者带来较大的价值

任何内容都是有一定意义和价值的，不然胡乱编几段文字凑在一块，不仅不能给读者带来价值，也不能留给搜索引擎好的印象。我们经常在QQ空间和微信朋友圈里发现，那些被分享上万次的文章，都是很实用的生活小技巧、老中医的祖传秘方、让你快速变幸福的秘密、实用快速减肥的方法等，这些内容都能够帮助读者，使他们的生活更美好，学了以后就可以用。

3. 具有看点的成功案例

成功案例的内容都更具说服力，都更能引发读者分享的热情。就拿微信营销的成功案例来说，小米手机一个月获取10万粉丝的案例，吸引了大量网站的转载和无数读者主动分享到自己的微信朋友圈。企业可以把自己操作成功的营销案例写成文章，鼓励读者主动分享。

4. 紧跟时事热点

人们喜欢了解最近的新闻热点，如果结合时事新闻热点创作内容，就能吸引更多读者的注意力，激发读者的分享热情。拿微信5.3发布这个新闻热点来说吧，这是7亿微信用户最关心的事情，这个时候大家都想知道怎样运营好公众账号。此时写关于微信5.3的文章，肯定能吸引读者的关注和分享。把握时事热点，其实就是借势。

一件事情成为热点，将会获得成千上万的人关注，同样当你写与此相关的文章时就会获得大量的注意力。要养成每一天阅读新闻的好习惯，这样才能抓住时事热点。比如马云、刘强东等名人身上发生的新闻，电商大战、名人的子女教育问题、从早恋看中国情人节，这些都是当下很好的话题。

5. 发表与别人不同的观点

物以稀为贵，如果你写的内容跟别人的观点都一样，就很难得到更多人的关注，更别提读者会主动分享到朋友圈里了。

8.6.3　在朋友圈建立关系的8种方法

微信朋友圈就是一个巨大的鱼塘，你可以利用这个鱼塘养自己的鱼，可以用这个鱼塘去跟别人交换，做大自己的客户数据库。同时可以随时向自己鱼塘里的鱼促销产品来变现盈利。

1. 主动赞美一个粉丝

在人脉关系当中有一条黄金人脉法则：你想别人怎么对待自己，你就怎么对待他。当你想收获到更多的赞， 首先要去赞粉丝，这样粉丝才会主动来赞你。通常人脉关系就是这样建立起来的。朋友圈就是社交的圈子，人人都希望别人夸奖自己、认可自己，所以在这里要懂得多多赞美、欣赏别人，这样你的人缘才会越来越好，然后你的产品转换率才会更高。

点赞要注意，要先阅读粉丝的内容。在朋友圈里我看到很多让人哭笑不得的赞：粉丝发照片说自己生病了、失业了，也有人点赞。难道你是在赞美他生病了、失业了？这些人都没有阅读内容就点赞，不但建立不了关系，还让人很讨厌，使点赞成为形式主义，而不是真心赞美。

2. 每天选出粉丝阅读并且评论

每一天都利用自己碎片化的时间阅读15至20个粉丝分享的内容，并且写下自己阅读后的心得，真心跟每一个粉丝交流，这样粉丝才会感觉受到尊重。

我们知道，平常两个刚认识的朋友，都是在来来往往的互动中建立起朋友关系。其实经营自己的朋友圈也是一样的道理。

3. 及时回答粉丝提出的问题

粉丝会遇到很多问题，包括对产品的疑问、使用产品时遇到的问题等。他们提出问题时，肯定希望我们能及时回答。所以我们应安排一个具体的时间来回答他们的问题或是利用自己碎片化时间来回答问题。

如果你是卖产品的，那么就要尽量第一时间回答粉丝提出的问题，这样才能得到粉丝的认可（图8-7）。

图8-7　朋友圈

4. 多花时间和粉丝一对一沟通交流

销售的主要工作是什么？就是聊天！跟粉丝聊得越好就越容易成交。做微信营销也是一样，在聊天中建立感情、在聊天中建立信任、在聊天中成交产品。

我一直认同一个观点——销售是聊出来的，跟粉丝聊得好，销售自然容易。天天在朋友圈里刷屏，还不如创造更多的机会跟粉丝聊天。其实聊天就是一种建立信任的过程，聊得好信任马上就建立起来了。

5. 展示真实的自己

在微信上多一点你的个人生活点滴，如你是哪里人、在哪工作、有哪些朋友、你的兴趣爱好是什么等，通过这些给人一种感觉——你是真实存在的。比如说你和有影响力的人合影过，你参加了某场知名的活动等，这些都是让别人对你产生信任的方式，因为你展示了一个真实的自己。

你所发的内容必须是基于真实生活且为正面的信息，这样会引发大家和你一起深入交流，加深情感。不要经常在朋友圈里发表自己失恋了、伤心了等各种抱怨的信息，这样会让人觉得和你在一起总是不开心，于是就会离开你。因为现在人们的压力都很大，大家都需要正能量让自己面对这些压力（图8-8）。

图8-8　微商

6. 主动发起话题

主动发起话题最好的办法就是问问题。比如，你在做营销时遇到的问题、制定方案时遇到的问题，都可以发起话题邀请粉丝一起来参与讨论。这样很快能把互动做起来，同时使粉丝觉得你把他当作自己的老师、好朋友。

记得邀请15至20个粉丝来参与讨论。但是这些人最好是你的铁杆或者最好的朋友，因为互动不多的粉丝，你邀请他回答，他也不会回答。

7. 带动朋友圈里的人气

要重视铁杆的培养，至少培养10至50个铁杆粉丝带动朋友圈的人气。要想培养铁杆粉丝，就要舍得在他们的身上花时间，培养一个铁杆粉丝所花的时间是一般粉丝的5至10倍。只有花更多的时间帮助他们，提供更多价值给他们，他们才可能成为你的铁杆粉丝。

8. 跟粉丝产生共鸣

传播理念比传播产品更重要。所谓理念就是区别于竞争对手独特的卖点。用一句话告诉顾客你的独特之处。人是有独立思想的动物，要想顾客接受你的产品，先要让顾客接受你的产品理念。

马云的理念是“让天下没有难做的生意”，乔布斯的理念是“活着就是要改变这个世界，不能改变这个世界的事我是不做的”。

为什么苹果的粉丝会像信徒一样痴迷它的产品呢？很重要的一点原因就是，粉丝跟苹果的理念产生了共鸣。这些理念缩短苹果与客户之间的距离，提高了客户对苹果的信任度，所以苹果能够让客户更容易做出购买的决定。

（1）简短、好记。

你的理念不能是长而无味的大白话，而要简短好记。所有的理念都要有一定的哲理性，也就是说你越琢磨这些理念就越觉得有道理。如果是大白话，那就太简单了，没有思想的深度。假如你是卖健康产品的，你想传达给粉丝什么样的健康理念？我觉得可以包括这些：爱健康就是爱家人、拥有健康的身体就拥有美好的人生等。比如说美纳多，传递的是：无添加，健康安全，修复治疗型的护肤品，带给人们安全、安心、有效。比如美纳多的护肤品有6个系列，洗面系列传达的是洗出来的漂亮，排毒系列传达的是排出来的健康，养护系列传达的是养出来的魅力，防护系列传达的是防出来的好肌肤，功能性产品系列传达的是问题肌肤的解决专家，多功能产品系列传达的是多效功能，美丽一身。美纳多以洗、排、养以及功能性产品为理念，让肌肤从细胞底层开始保养，彻底解决皮肤存在的根本问题。

（2）产生共鸣。

你的理念能不能跟粉丝产生共鸣，这是至关重要的问题。如果粉丝不认可你的理念，他就不会与你产生共鸣。比如，苹果的粉丝认可的就是它的创新，与众不同。但是如果你说：我无所谓，我不需要创新，我就需要最便宜的，那你肯定不会买苹果的产品。所以苹果的产品可与追求高品质、创新、与众不同的粉丝很快产生共鸣。那么这些理念怎样在微信朋友圈里传播呢？很简单，只要你在每一段文字的后面加上自己的产品理念，不断地去重复，日子久了就会对粉丝产生影响，让他们记住。

8.7　朋友圈的成交策略设计

图8-9　朋友圈营销

如何利用微信朋友圈成交顾客，这是想利用微信朋友圈创业的朋友最关心的事情。要想快速成交顾客就得有好的成交策略；做任何营销推广都需要去投入，投入分为两方面：时间投入和金钱投入。想不投入就获取大量的顾客是不可能的。用钱买时间，用时间获取钱（图8-9）。

8.7.1　顾客的关注成本

要想获取目标客户的关注，我们需要通过推广（一般做广告）寻找到潜在的顾客，这时就要付出成本。例如，在微信朋友圈卖化妆品，那么你要想有更多的顾客关注你，就必须先找到他们。

例如，你可以写一篇文章请那些情感专家帮你发表在他的博客或者微博中，以此来帮助你推广，这样就可以吸引大量的粉丝关注。要想这些情感专家帮你推广，你得付钱给他们，这就是要付出的广告成本。

8.7.2　顾客培育成本

潜在顾客关注你，是不会向你购买产品，因为顾客不相信你，所以最好的办法就是给顾客提供一个免费的试用产品，我们称这种产品为“鱼饵产品”。鱼饵产品通常都是免费送给顾客使用的，可以是试用装产品或者小包装产品，还可以是跟后续产品有关的产品。比如知识类的产品，可以是一段视频、一个免费的报告。让顾客了解产品的价值，取得他的信任，这样他才会向你购买产品。所以想利用微信朋友圈增加更多的新顾客就要增加关注成本。关注成本增加了，粉丝忠诚度自然就增加了。

要想快速把潜在顾客转化成真正的顾客，就要增加顾客的培育成本，增加了培育成本就会带来更多的利润。所以我们要提高成交的人数，既要增加关注成本又要增加培育成本。所以我们在设计产品层次时就不能只设计一个层次的产品了，一个层次的设计产品是很难成交的。要设计的产品主要有如下几种（如图8-10所示）。

鱼饵产品：要钓鱼当然需要鱼饵，只有放入鱼饵才有鱼来咬钩。比如你是卖化妆品的，那么你可以拿出一款好的面膜让顾客来试用，吸引粉丝的关注。

信任产品：这个产品通常是一个价格很低的产品，只是为了获取潜在顾客的信任。当顾客使用这个产品以后，就能快速增加顾客对企业的信任。

利润产品：当顾客使用我们的产品以后，我们就可以向这些潜在的顾客销售高利润产品，从而快速获利。

图8-10　产品设计层次

用这样的产品设计来增加成交是一件非常容易的事情，所以当你在微信朋友圈卖产品时，一定要设计成这个产品成交模式。

例如你卖减肥产品，可以制作一本免费教人减肥的电子书作为鱼饵产品，其中可包括减肥的10个致命错误、减肥多次失败的原因，等等。

可以选取一款非常棒的减肥产品作为信任产品，原来卖价280元，现在你以成本价卖给顾客。通过使用这一款减肥产品就能快速获取顾客的信任。

现在你已经取得了顾客的信任，这时你就可以向顾客销售一款高利润产品了。这类产品可以是一个减肥产品的套装，价值1880元。这样成交就变得非常容易了。

如果现在你利用微信朋友圈很难成交顾客，那么请你重新设计你的产品模式。

8.8 微信与粉丝恋爱的13条“军规”

图8-11 微信

微营销就像谈恋爱，想谈成就得花心思花精力，诚心大于技巧。有人说男人的胸怀是被女人的委屈撑大的。那在与粉丝恋爱前，微商须知的13条“军规”是什么（图8-11、8-12）？

图8-12 微信界面

（1）你是她的菜吗?

如果她喜欢30岁左右，你已经年逾50了，很明显你不是她的菜。

军规一：微商们要弄清自己的目标粉丝是哪些人，不要向非目标用户献殷勤。

（2）你准备用诚心赢得她的真心吗?

如果你真的喜欢她，就要拿出你的诚心打动她，而不是采取一些非常规手段将她骗到手。

军规二：微营销上的关系是双方自愿的，微商们可以主动搜索，或者通过活动创造机会。

（3）你有什么值得她爱?

她选择你，必然是因为你身上有她需要的东西，你可以为她提供价值，或者是你的某种特质令她崇拜喜欢。

军规三：粉丝关注你，要么是提供了她觉有价值的信息，要么她本身已经是某品牌的拥护者。

（4）你的形象和行为会令她讨厌吗?

你需要将自己最好的一面展现在你喜欢的人面前，正如女为悦己者容，倘若你经常邋遢、不修边幅，这已经是一种不尊重，更别说留一个好印象了。

军规四：微营销利用的平台装修看似很简单，但是“门面”装修有时候很重要，营销往往从细节开始，给粉丝留下一个鲜明的好印象（图8-13）。

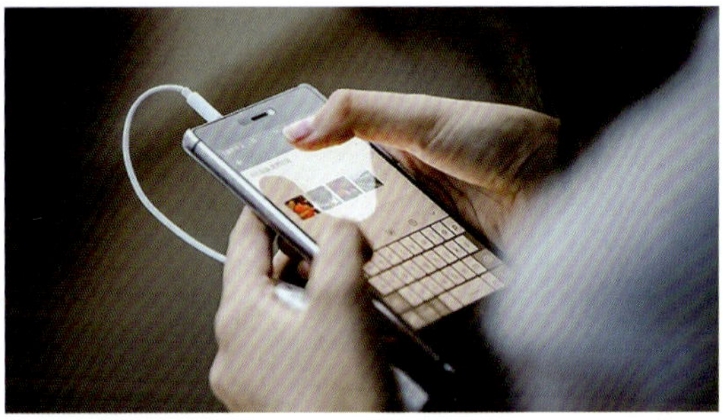

图8-13 微商

（5）你是一个成熟、值得她信赖的人吗?

你是一个处事有自己原则和风格的人，而不是一个随波逐流，行为处事毫无逻辑的人。

军规五：微营销要做到有规律有规划，有自己的特色。

（6）你的说话方式她喜欢吗?

你是一个容易亲近，能够尊重他人的人吗?谁都不喜欢与一个高高在上，自以为是的人交往，你需要平等地与她交流沟通，注意你的说话语气和表达方式。

军规六：人人平等，商户要走下神坛，放低姿态与用户对话，所以微博微信等语言要网络化，用他们听得懂的方式来表达。

（7）你说的话是她喜欢的吗?

你是否只顾表达自己的想法，而不去考虑她的感受。当她听不懂你说的话，或对之不感兴趣，那么你们关系无法深入，慢慢会厌倦离开。你要用她听得懂的方式讲你自己的故事，不过你最好多讲她喜欢或者你们共同喜欢的话题。

军规七：商户要100%讲与企业或用户相关的内容，但记住一定要用彼此能理解的表达方式。

（8）你说的时候她能听到吗?

你是否经常选择在她忙碌的时候联系她，这样她肯定没空听你说；你是否经常选择在喧哗的时候跟她交流，这样彼此沟通很费劲，为什么不选择一个安静地方呢？

军规八：微商们好的内容还需要把握住发布的时间，所以摸清你粉丝的规律很重要，传播效果不好，有时候问题可能在于时机不对。

（9）你经常让别人带话，她会觉得你有诚意吗？

想说什么就要尽量亲自跟她说，不管是打电话还是见面，尽量做到是你本人，感情这东西别人是无法替你传递的，诚意有时候可以是见面时的一个眼神，但必须是你本人。

军规九：微商不要老用定时器，那样只会让你与用户更疏远（图8-14）。

图8-14　微信朋友圈

（10）你老是用别人的话来表达，而她想听的是你的语言。

你可以偶尔当复读机，但你一定不是复读机。你要尽量用自己的语言表达你的想法，而不是经常重复他人的甜言蜜语，哪怕别人的话再美，而她一定最喜欢听你的表达方式。

军规十：微营销内容要尽量原创（或伪原创），即使文字不那么华丽也没关系，因为那是你独有的，至少她转发分享后不会与其他雷同。

（11）谁都不喜欢被冷落，你能经常回应她吗？

你不主动关心问候她就罢了，当她主动与你交流时，你依然不闻不问，试问她将做何感想，偶尔一两次还能理解，长期如此，势必会关系变淡甚至分手。

军规十一：微商无法做到主动关注每一个粉丝，但那些关注你、评论你的粉丝，要尽量做到回应，让他们知道你是一个懂得关心他们的人。

（12）你会给她制造有趣、惊喜和浪漫吗？

谁都不喜欢跟一个木讷、无趣的人谈恋爱，女人更需要惊喜和浪漫，所以你要试着跟她讲故事、笑话，陪她玩游戏，节假日给她买礼物送惊喜。

军规十二：微商的微信微博不仅内容要有趣好玩，还可以定期开展一些创意的活动，既活跃气氛，加强沟通，还能够回馈一些粉丝。

（13）你是一个能给她带来安全感的人吗？

无论她看重的是你的才华、外貌还是物质，但你的人品绝对是首要的。这份安全感不仅是你给予的物质基础，还有声誉上的考虑，你是一个正直诚信、可靠的人，还是一个虚伪、狡猾令人讨厌的人？

军规十三：微商的产品和服务必须要靠谱，即使知名度不高，产品服务有瑕疵都不要紧，关键是微商要有责任心和上进心，能够对用户负责，否则谁敢成为你的粉丝。

8.9 微商朋友圈如何不被用户屏蔽

图8-15 微信

现在基本上每个人的微信朋友圈都有微商的存在，微商每天不停地发广告导致很多人都直接屏蔽掉，微商朋友圈如何不被屏蔽就成了微商推广的首要任务，下面我们就来讲讲朋友圈如何仿屏蔽（图8-15）。

8.9.1 吸引关注

如何吸引关注？这是所有营销者要解决的问题，所有的出发点基于一句话：哪个平台有我们的目标客户，我们就到哪里去。

吸引关注的方法总结有以下几点。

1. 最有价值类:自媒体原创文章

这个难度相对有点大，但也是最有价值的，这些你通过思考以及实践得出的，并且持续不断地分享有价值的原创文章，会让认同你价值的网友主动加你。加好友不是目的，目的是传递彼此的价值，共同成长进步。

2. 热点借势类：借助热点，快速制作

热点包括节假日以及突发的热点，这期间需要经常锻炼，看到一条消息能大致判断出是否会形成热门话题，当然这个需要多看、多刷、多想、多写才能形成； 看到热点之后，分析其中的核心，再把自己产品的点植入，这个方法威力极大，运用得当，可有效扩大传播范围。

3. 持之以恒类：QQ群、贴吧、豆瓣、知乎等

这个方法需要持之以恒地在各个平台布局，形成属于自己的营销推广互动战场，哪种方法最有效，就把这个做到极致，这个平台的资源就属于你。

4. 简单操作类：信息导入，手机、QQ等

这种方法也是最常用的，就是批量导入手机号、QQ号，这种方法这里就不多说了。一定要注意的一点是选择信息时尽可能找目标群体。

吸引关注的方法做得好的话一定会有自己的粉丝和朋友，接下来看看怎么激活维护和转换成交。

8.9.2 留住用户

日常类：在产品基础上做好专业解答及相关知识分享。

日常运营中，首先加强自身对于产品专业知识学习，做到对这个产品的优点、功效等各方面了若指掌，在别人看来你就是专家。其次发布内容就是表现“真实”的情况，至少让客户感知到这个内容是有情感、有温度的。

活动类：结合微信社交平台等特点，推荐分享，主动引发参与；特别是在重大节日、新品上线等时间点做一些互动。

现在微商竞争很大，如果用户屏蔽了你也就意味着你少了很多销售产品的机会，所以学会如何推广，如何不被用户屏蔽才是微商需要做的首要任务。

本章要点

（1）掌握微信朋友圈的运作模式。

（2）打造属于自己的朋友圈个人品牌。

（3）妥善管理自己的微信朋友圈。

NINTH

09

第9章 经典微信营销和运营案例分析

※ 解读小米的微信营销策略

※ 良品铺子微信营销案例

※ 餐饮微信营销成功案例分析

9.1　解读小米的微信营销策略

图9-1　小米LOGO

当我们提起新媒体营销的时候，绝对不可能会少了小米的身影，小米是运用了“9:100万”的粉丝管理模式，据了解，小米手机的微信账号后台客服人员有9名，这9名员工最大量工作时基本上每天回复100万粉丝的留言（图9-1、9-2）。看了小米微信营销的惊人数据，我们具体总结了小米微信营销的几点策略。

图9-2　小米手机

9.1.1　小米微信营销的几点策略

1. 小米官方渠道拉粉指数50%

通过官方渠道把自有用户转化为微信粉丝，这其实是拉粉王道。小米官网拉粉分为两个阶段：第一个阶段，就是直接广告拉粉。小米官网每周有开放购买，在“点击预约”键下面，会有个直接的二维码广告“关注小米手机微信”，一天就涨了3万粉丝。从2月份开始，每个月大概4

次，一共做了12次。后来就进入了疲惫期，每天涨几千粉丝，4月份就取消了这种直接广告。第二阶段，就是活动拉粉。

2. 第三方合作拉粉指数40%

图9-3 小米在路上

105万粉丝中，40%来自于第三方合作。第三方合作可以理解为大号互推，比较给力的第三方其实是腾讯、微信。比如，小米曾经和QQ会员联手搞过一次活动：微信搜索“小米手机”+QQ会员生活特权并关注，送出10台小米手机2（图9-3）。

3. 小米微博拉粉指数10%

小米微信的105万粉丝，有10%来自于新浪、腾讯微博。小米在新浪微博有两个大号，共300万粉丝，早期一度认为，光靠着300万给微信拉来50万粉丝应该小意思，然而现实很残酷。究其原因，微博粉丝是一种浅度关注，微信粉丝则是一种深度关注。

4. 两个重量级的大活动

第一个是小米手机“非常6+1”。从3月27日15：00 至3月29日24：00，活动开始前粉丝量41万，活动结束后粉丝量47.2万，新增粉丝6.2万，参与人数21万，总接收消息量403万。

活动规则其实很简单，但很有效，趣味+大奖：每天送出50个小米手机2F码，30张手机充值卡，中奖概率极高！最终排名TOP 10的粉丝，还将获得小米手机2、小米盒子及移动电源等大奖。

第二个是4月9日米粉节微信抢答活动。这个活动不算很成功，当天14：00，由于信息量瞬间爆发，直接导致微信后台崩溃，粉丝没能成功参与抢答活动。但效果也很惊人，活动开始前粉丝量51万，活动结束后粉丝量65万，新增粉丝14万，总接收消息量280万。

9.1.2 小米微信营销成功的原因

如果说小米微信营销的上述四个拉粉的策略是其重要渠道的话，那么我们下面可以总结一下小米微信营销为何会有如此大的成效。

1. 小米微信营销的方法总结“三段击”

活动拉粉是一个很给力的方式，激活老用户，拉新用户。不过，小米有不可复制的因素，就是强悍的米粉效应。也有可以复制的方法论，我们可以称之为“三段击”方法：

（1）预热，提前两天微博、微信来预热。

（2）当天强力推，发动一切可以利用的渠道。

（3）活动结束后力推。

2. 微信营销的准确定位：不是营销，是客服

对于微信的定位，小米早期也有迷茫期，后来明确定位为客服。这也跟微信的产品形态有关系，微信的关键词回复机制，很适合打造自助服务的客服平台。

9.1.3 微信营销认识误区

微信营销仍处在战略探索期。在探索期，不要相信逻辑，要相信案例。所以在微信营销的这个探索阶段，很多人难免会存在认识上的误区，根据上述小米微信营销的经验，主要有以下几个认识误区。

1. 微信推广比APP推广成本更高

小米的经验来看，推广的成本不是特别高，成本主要是奖品，渠道主要都是用自身的渠道。当然，对那些只是单纯做微信的，成本会比较高。

2. 粉丝数量不重要，互动质量才重要

微信粉丝的互动质量很重要，但粉丝数量更重要。特别是对那些大的品牌而言，要努力把自己的用户转化为微信粉丝。

9.2 良品铺子微信营销案例

良品铺子是一个食品连锁品牌，在武汉等地都有相当高的知名度，但是在竞争激烈的食品连锁行业，面对用户尝鲜度高、消费者购买零食随机性强的困境，有效的管理和维护好自己的客户并逐步提高销量仍是一件相当困难的事情，即使良品铺子线下已拥有了100万实体卡用户。面对良品铺子所面临的问题：信息难以精准、高效地送达给客户，客户的忠诚度低，高昂的维护成本等。

1. 营销策略

针对良品铺子所面临的问题，随后提出了微信营销的策略，通过用户在线绑定，微信SCRM（Social Customer Relationship Management，社会化客户关系管理）管理以及针对不同的会员标签下发不同的信息来有效地触发用户，然后为会员建立在线的会员积分系统、一对一在线服务以及线上的小游戏互动来激活用户，提高用户的忠诚度和黏性，最后引导用户使用LBS到线下进行消费来提升门店销售额。微信营销大大降低了良品铺子的营销成本、老客户维护成本，还为良品铺子的新用户发展、销售渠道提供了更广阔的平台。

2. 营销结果

从7月开始，良品铺子完成平台搭建，8月5日~9月3日进行高级接口等技术开发，9月~10月，新增用户数据和活跃用户数明显提高；2月份上线，截止到8月，已有用户6989人，经过技术开发和后台运营，2个月新增用户5979人，达到12968人，月均用户增幅达到582%，其中，活跃用户3913人（未去重），1569位用户进行绑定。

通过一个二维码，就拉近了良品铺子和用户之间的距离，良品铺子可以更针对性、更私密性地和用户进行一对一的在线沟通、交流和互动，通过微信后台的SCRM管理，良品铺子可以监测用户的行为习惯，然后更明确、清楚地对用户进行分类、归组，以保证信息可以更精准地传递给目标客户，用户也可以在线通过微信自定义菜单更方便、快捷地自助查询资讯和信息，通过这样高效地交互和服务，用户的满意度提升，良品铺子的营销成本降低，销售额也随着O2O（Online To Offline，线上到线下）的导流有所提升，可谓是双赢的结果。

9.3　餐饮微信营销成功案例分析

微信有几个特性，注定了餐饮行业非常适合做微信营销。餐饮微信营销成功的特性：

（1）高分享性。

吃喝玩乐，是大家高度愿意与粉丝、朋友分享的事情。

（2）广泛性。

餐饮服务是本地化服务，是人们最基本的生活消费之一，人们对餐饮类实用信息的需求十分广泛，每天都有人问：有什么好吃的推荐吗?

（3）实时性。

人们需要的餐饮方面的信息，往往是实时的、实用的信息，微信的传播速度最快，刚好满足实时的需要。

9.3.1 餐饮行业适合微信营销的5个判断条件

餐饮行业非常适合做微信营销，一个行业是否适合微信营销，可以从5个方面来判断，而餐饮行业恰好能够全部满足。

（1）有助于提高用户的购买频率和客单价;

（2）能给用户带来更加优越的体验，包括展示体验、服务体验和购买体验;

（3）有助于提高运营效率，搜集用户反馈，改善经营链条;

（4）有助于带来新客户;

（5）餐饮行业的需求实现和传播互动可以用微信来替代或实现。

9.3.2 如何利用微信营销来做好餐饮业务

餐饮业界普遍的做法就是，申请一个微信公众号，然后到餐厅周围发送宣传单，在宣传单上印上微信公众号的二维码，然后吸引大家关注。最后在微信上为用户送上一系列的优惠券以及最新活动策划。

如果餐饮微信营销真的如上述那么简单，那为什么全国有那么多餐饮企业，大部分都采取了微信营销，取得成功的却并不多呢? 这说明在微信营销上还有很多工作要去做。

下面我们就以御龙塘烤全鱼的微信推广成功案例来说一下餐饮行业该怎样通过微信迅速提升知名度，提升销售额!

御龙塘烤全鱼位于临海银泰城4F，主打产品“烤全鱼”，采用杭城沿袭数百年的古法秘方烹制而成，深受消费者喜欢。但是，好东西也需要好的宣传，才能让更多人有口福。御龙塘经过多方考虑，最终选择了借力微信第三方平台进行品牌宣传推广。不到一个月，这家烤鱼店短时间迅速爆红网络，成功的秘诀分为三个步骤。

第一步，开通微信红包。御龙塘餐厅商圈周边的人群，只需要扫一扫二维码，关注餐厅微信公众号就可以抢得微信红包! 在中国，“送钱”永远是宣传吸引客户最好的方式。短短3天时间内，每天吸引粉丝800~1000名，微信公众平台粉丝数量迅速突破3000个，而且都是本地真实的活跃粉丝!

第二步：当有了足够多数量的本地精准微信粉丝之后，定期通过微信免费推送信息的形式，向粉丝推送御龙塘的微官网（微官网就是企业在微信上展示自己品牌形象及产品的平台）。

第三步：静候客户光顾，门庭若市，财源滚滚来。

当然了，微信推广只能帮助企业吸引到客户，如果企业希望客户能够长期消费的话，就需要靠产品和服务的硬实力了。

9.3.3 让微官网带你飞

微信用户越来越多，对于中国的各类企业来说微信就是一块宝地，如何在宝地上开发出属于自己的地盘呢？除了有钱自然少不了微官网。

微官网可以将传统企业的运营模式变化成在线运营模式，同时企业信息、服务、活动等内容通过微信网页的方式进行表现，通过微官网可以实现企业品牌展现、互动营销、活动推广与服务功能，因此微官网的优劣能直接影响用户对商家的印象。

赛风微赢微官网是基于微信客户端所开发出来的微网站，然而众所周知，微信自身有一个最大的特点，那就是其一对一的受众模式，微信具有很大的针对性。

那如何建立企业的微官网呢？做一个微官网需要准备两样东西：（1）微信公众平台（2）赛风微赢平台。只有通过这两个平台可能建立微官网。

微官网可以根据企业自定义要求定制微官网，快速提升企业品牌形象。

9.3.4 餐饮微信营销成功案例——大众餐饮品牌嘉禾一品

嘉禾一品作为大众餐饮品牌，同样经历着这样的变化，目前，嘉禾一品的主要合作伙伴是淘点点、美团等网站，嘉禾一品副总田鹏程表示，目前，嘉禾一品的主要O2O方向是外卖和团购，对于这一庞大的市场，他不排除会和任何一家平台合作。

1. 作为一家大众餐饮，我们不做订座

与俏江南品牌不同，嘉禾一品主要走“清粥小菜”的中式快餐路线，在关注客单价的同时，嘉禾一品主要在意的是用户的流量，也就是翻台率。田程鹏表示，作为快餐品牌用户最不希望看到的是因订座造成的“店内空无一人等待定位顾客，店外却排着长队”，因为快餐的客单价往往不高，越快的翻台也就意味着越多的流水。所以在O2O方面，嘉禾一品明确不做预定、订座业务。

目前，嘉禾一品的主要逻辑是从外卖做起，对淘点点的主要依赖是流量，能带来越多的外卖单是嘉和一品的核心诉求。

2. 物流是嘉禾一品O2O的核心问题

熟食外卖的核心问题就是物流，田程鹏表示，从物流组成来讲，目前嘉禾一品物流供应主要来自两方面，一是自有物流团队，另一个是像易淘食这类的第三方餐饮服务商。而一旦大量的单子涌入门店，目前物流能力是承载不足的。

田程鹏表示，未来希望接入更多服务商，而最希望的是能在获取流量的同时得到物流服务。淘点点内部人士曾表示，淘点点已经在与第三方物流进行接洽，希望借此帮助商家解决类似问题，但目前尚不清楚与嘉禾一品的合作进展。

3. 餐饮O2O盘子很大，绝不做“排他”

“任何人都不可能独吞这一市场”，这是田程鹏在采访中一直坚持的核心观点，在他看来，餐饮的盘子太大，所涉及的模式也很多，且地域性很强，不是一般的互联网形态可以掌控的，目前来看还没有一家平台有能力说自己是这个行业最牛的。

9.3.5 餐饮微信营销成功案例——黄太吉与雕爷牛腩

在餐饮业整体遭遇寒流的形势下，总有那么几个“顽固分子”在劣势下实现华丽逆袭，黄太吉算一个，雕爷牛腩也要算一个。当然，这两个品牌也拥有自己的特色：黄太吉是标准化、快餐化的煎饼果子；雕爷牛腩是花样做尽的“轻奢餐”。但是他们之所以能火，很大程度上得益于网络宣传工具的帮助，微信就是其中最为重要的工具之一。

为什么黄太吉没有做官方微信而雕爷牛腩在做?

稍微有所关注的就会发现，通过微信搜索公众号，雕爷牛腩已经拥有自己的官方认证公众号，而搜索黄太吉只能找到一个未认证的公众号，并且关注后发现其没有任何功能，可以断定并非官方在正常运营。为什么这两者会有如此区别呢?

1. 给用户提供什么

黄太吉的消费者绝大多数为零散顾客，商品属性基本属于即时消费，不同于正餐消费，顾客消费过程很短暂，很难给消费者以深度体验，使得消费者没有使用微信的必要。而雕爷牛腩则不同，它的消费过程就是一种享受消费的方式，顾客有大把的时间来体验雕爷牛腩带来的服务，在等餐期间更好地了解雕爷牛腩。

2. 从关注的粉丝那里得到什么

黄太吉的商品价格也处在一个比较尴尬的状态，使得更多的消费者只是以尝鲜的态度进行体验，短期内很难形成固定的消费群体，因此，想要通过微信维护消费者关系，获得粉丝好感度，提升再消费率比较难以实现。

归根结底就是黄太吉作为一个刚刚起步的快消费餐饮，目前还没有做微信的急迫性，更重要的是还很难找到适合自己的微信定位。微信的定位至关重要，甚至决定了未来运营（图9-4、9-5）。

图9-4　黄太吉海报

图9-5　黄太吉店铺宣传

做餐饮微信号，必须先找准自身定位。

雕爷牛腩属于较高端餐饮，因此很好区分目标用户群，用户需求也比较明确，那就是除了希望享受高档的美食料理外，还希望获得匹配的服务。而雕爷牛腩的微信也正是基于这一点，提出会员管理服务。这也是雕爷牛腩微信做得比较成功的原因之一。

3. 活学活用，玩转微信内容

（1）自定义菜单用起来。

微信5.0以后为所有的服务号都开放了自定义菜单的申请，如果你不是媒体号，不需要每天发新闻，为什么不用起来呢？用自定义菜单可以带来的好处之一便是可以进一步APP化公众号。很多餐饮行业花高价为自己品牌专门打造APP客户端，结果却发现推广的难度更大。而微信的到来给企业提供了绝佳机会，利用第三方平台的功能拓展以及定向开发可以很好地脱离APP的牵制，直接将公众号APP化，而自定义菜单让这一步更具象化了，雕爷牛腩的微信就只有简单几个自定义菜单功能，点击就能直接获得相应的内容。

（2）内容要准确且吸引人。

雕爷牛腩微信的内容中，最让人印象深刻的是极具特色的菜单。“如何吃掉一碗雕爷牛腩？”之所以这条内容会给人留下如此深刻的印象，是因为它抓住了目标群体的特点，高档消费经历的人会不知道怎么吃掉一碗牛腩？吊足了大家的口味，让人带着兴趣读下去。此外，内容本身制作精细，很匹配雕爷牛腩的风格，文字内容很有格调，图片使用得恰到好处。

另外，在会员申请的内容上也下足了工夫。问题的设计合理准确，表达方式既卖得了萌又不失稳重。

9.3.6 餐饮微信营销的有效方式

无论地面推广人员把自家产品说得如何高大上，餐饮行业早已高度理性地把自己的需求压缩成最原始的两点：留住老客户，带来新客户。

如果说团购、优惠券是为商户带去新客户的“流量导向”型产品，那么会员卡则是维系新客户并将其发展成为老客户的“价值挖掘”型产品。

面对微信的崛起，它天生的CRM属性将是挖掘老客户价值的强有力武器。通过老客户的挖掘，形成自己长期的顾客流，同时也自控一些流量，避免过分依赖团购网站。

1. 微信网站——餐饮行业门户

针对餐饮行业的移动互联网门户建设，重点突出特价优惠菜品、推荐菜品、招牌主打菜品等全方位展示功能，将商家信息第一时间全面展示在微信端，方便消费者查看，并使消费者第一时间被诱人的菜品吸引，直接促成消费。

2. 微信活动

活动的形式很多，最常用的就是优惠促销，但是不能局限于此，通常一个创意性的营销会带来意想不到的效果，定期的营销活动能不断地刺激消费者的眼球，提高微信粉丝的参与度和活跃度，最终将客流量转化为“客留量”。

3. 微信预约

针对线下餐厅用餐高峰期客流量较大而餐厅接待能力有限的情况，WDX微企平台推出微信端预约功能，消费者在微信端提前预约，同时能省去大量等待排队的时间，也给商家提前准备菜品、安排座位的时间。从而提供更周到的服务，提升消费者对商家的好感度和忠诚度。

4. 微信店内点菜

扫描餐桌上的二维码关注公众号，消费者进入微信内电子菜谱，自助下单。减少服务流程，使用户服务变得更加高效便捷。

5. 一键导航

基于消费者对于餐饮行业具体地理位置的需求，沃德鑫微企平台研发一键导航功能，方便消费者快速定位地理位置并进行导航，全程引导消费者到店就餐，大大减少因无法快速找到线路而导致的用户流失。

6. 微信会员卡

由于餐饮行业的普遍性，几乎每个人都是餐饮行业的用户，但是每个商家对自己的消费者不了解，也对消费者忠诚度的提升形成一定障碍。

沃德鑫微企平台推出的微信会员卡功能可收集会员信息建立商家的消费者数据库，从而为会员提供专属服务，提升服务质量的同时，也可将促销优惠、会员专享等服务信息直接显示在微信会员卡页面，将商家已有的线上用户吸引至线下进行消费，直接提升商家的营业额。

7. 微信客服

基于较大的用户数量，餐饮行业微信公众平台为消费者提供有效的客户咨询和引导服务，方便及时快速地解决用户问题，提升用户的满意度。

9.3.7 微信不足，第三方平台来补

虽然是拿出来分享的优秀案例，但是雕爷牛腩微信还是有一些不足之处的。

图9-6 借助第三方平台

1. 太过于单调

由于太过于专注准会员的服务定位，忽视了潜在用户。比如你只是听别人说起雕爷牛腩，所以关注了微信，想看看有什么，结果你发现对于没有吃过的你来说什么都没有，只有一个似菜单又非菜单的东西，对其他内容也不知所以然。因此，对于一个刚刚起步的餐饮企业来说，市场格局还没有很好成型，还存在太多的潜在客户，而雕爷牛腩微信只专注已消费过的会员会让其错失吸引新客户的可能。

其实在微库平台上有许多功能都可以弥补这一点，比方说加一个菜单画册，让客户清晰明了，同样也不失雕爷牛腩的大气风格。

2. 使用形式太烦琐

我也自己体验了一把雕爷牛腩会员申请的流程，说实话，虽然题目设计和内容都很好，但是由于题目太多过程太过于烦琐，并且一旦你在申请过程中想要退出流程会发现出现了死循环，无论你输入什么都会认为是在继续答题，然后反复提示你如何正确回答，而无法退出。

然而，其实只需要使用微库平台上的问卷调查功能，微信号就可以很好地解决这一问题。将所有需要提的问题以问卷的形式呈现，不但可以收集更多的信息，而且操作简单，一目了然，作为一个微信的辅助模块，还可以方便随时退出答题。

综上分析，不得不承认，在餐饮业不景气，微信公众号运营整体形势也是不太好的时候，雕爷牛腩微信仿佛一匹黑马突出了重围，成了餐饮业和社媒营销两个领域的双重典范，也确实有太多东西值得我们学习。值得一提的是，雕爷牛腩在营销方面的成功不仅体现在微信，微信毕竟是一个相对私密的工具，要营造整个网络的人气，还应恰当借助EPR（Electronic Public Relation，网络公关）营销的帮助，包括微信自身的推广。雕爷牛腩的成功与黄太吉不谋而合，所以我想这两者的成功均不是巧合和偶然。有意思的是，微库平台不但是目前微信第三方服务平台中做得最出色的，而且其背后也整合了强大的EPR营销服务，可以为各种类型的客户提供定制化的网络营销服务，由此看来，这一点也印证了微库的强大实力（图9-6）。

本章要点

（1）学会分析成功案例。

（2）掌握基本微营销。

TENTH

10

第10章 制作易企秀

※ 什么是易企秀

※ 易企秀制作过程

10.1　什么是易企秀

易企秀是一款针对移动互联网营销的手机网页DIY制作工具，用户可以编辑手机网页分享到社交网络，通过报名表收集潜在客户或其他反馈信息。

用户通过易企秀，无须掌握复杂的编程技术，就能简单、轻松制作基于HTML5的精美手机幻灯片页面。同时，易企秀与主流社会化媒体打通，让用户通过自身的社会化媒体账号就能进行传播，展示业务，收集潜在客户。易企秀提供统计功能，让用户随时了解传播效果，明确营销重点、优化营销策略。提供免费平台，用户零门槛就可以使用易企秀进行移动自营销，从而持续积累用户。

易企秀适用的地方包括：企业宣传，产品介绍，活动促销，预约报名，会议组织，收集反馈，微信增粉，网站导流，婚礼邀请，新年祝福等。

【注】易企秀制作H5场景推荐使用谷歌浏览器，也可在手机上下载制作工具客户端，在手机上进行制作。

10.2　易企秀制作过程

10.2.1　注册易企秀账号

注册易企秀需要邮箱，也可以用微信和QQ进行第三方账号登录，如图10-1所示。

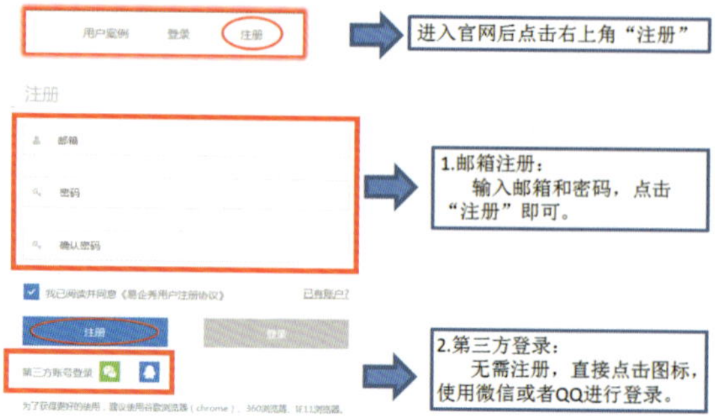

图10-1　易企秀账号注册

10.2.2 登陆易企秀账号

登录易企秀账号，如图10-2所示。

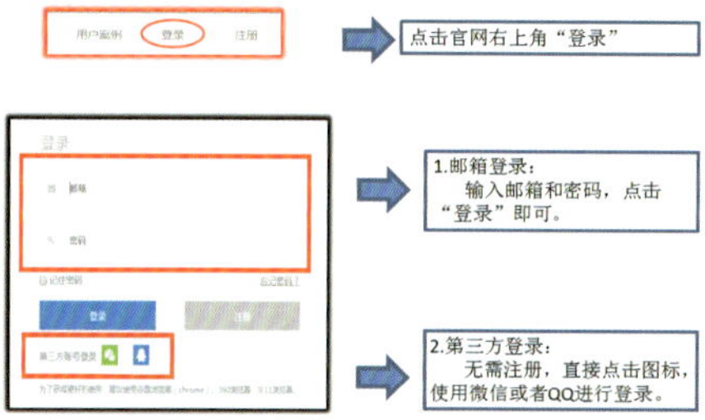

图10-2 登录易企秀

10.2.3 创建场景

点击“创建场景”，进行创建，如图10-3所示。

图10-3 创建场景

选择一个合适的模板再进行编辑，如图10-4所示。

图10-4 选择模板

10.2.4 自主编辑场景

自主编辑场景如图10-5所示。

图10-5 自主编辑场景

10.2.5 编辑场景

鼠标右键单击图片，跳出编辑框，如图10-6所示。

图10-6 编辑图片

换背景，换插图，换文字，如图10-7所示。

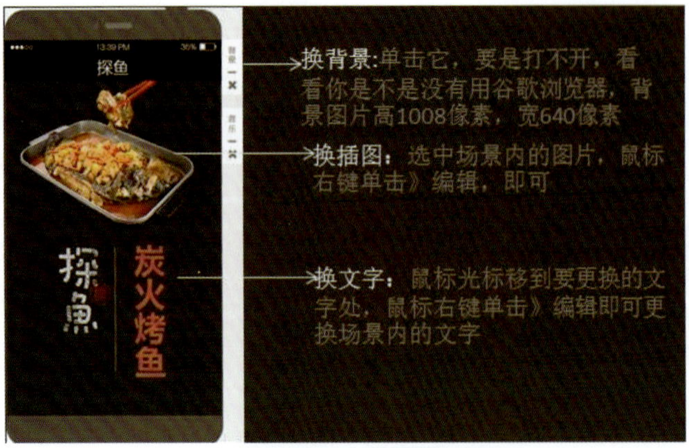

图10-7 易企秀功能

通过页面管理，生成和使用模板，并管理页码，如图10-8所示。

图10-8　生成模板

页面模板分版式，风格，互动和我的四个部分，如图10-9所示。

版式：图片、图集、文字、图表。

风格：清新、蓝色、中国风等。

互动：报名表、留言、联系。

我的：储存我的模板。

图10-9　页面模板

在易企秀制作页面的左侧栏，易企秀官方为大家提供了分门别类的“页面模板”，在制作场景的过程中，可以参考或者直接套用页面模板进行场景创建。

自己制作的页面，也可以保存为“我的”模板，以供下次使用。

企业账号将自己的场景设置为“企业页面模板”，子账号可以直接使用。

5大管理操作，如图10-10所示。

复制：点中条框，点击“复制”。

我的模板：点中条框，点击“我的复制”，出现在左侧“页面模板”中，可删除。

删除：点中条框，点击“删除”。

移动：点中条框，可上下拖动。

添加：点击“+”，添加一页。

图10-10　页面管理

通过工具栏可以编辑文字，插入音乐、视频、联系人和制作特效。

（1）文本编辑，如图10-11所示。

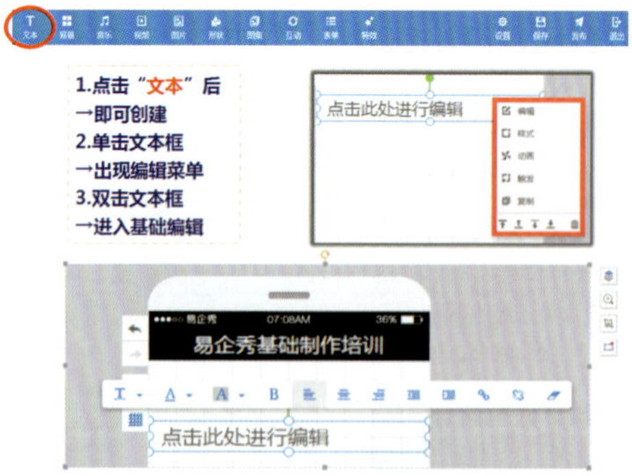

图10-11　文本编辑

（2）背景编辑，如图10-12所示。

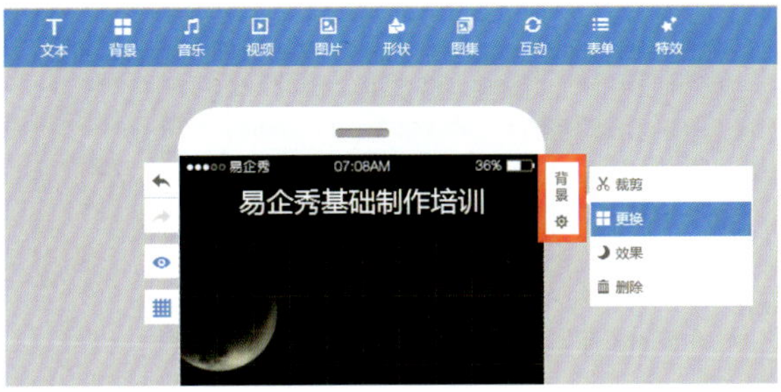

图10-12　背景编辑

背景创建后，点击编辑栏上的背景齿轮，即可对背景进行编辑。

背景编辑主要包括：剪切、更换、效果（放大、缩小）、删除。

（3）音乐编辑，如图10-13所示。

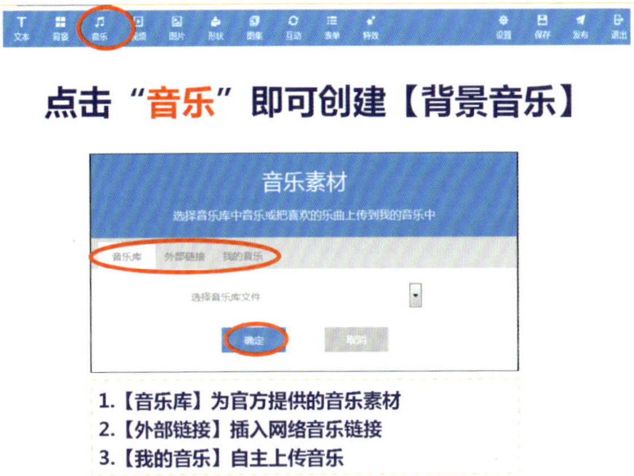

图10-13　音乐编辑

（4）视频编辑，如图10-14所示。

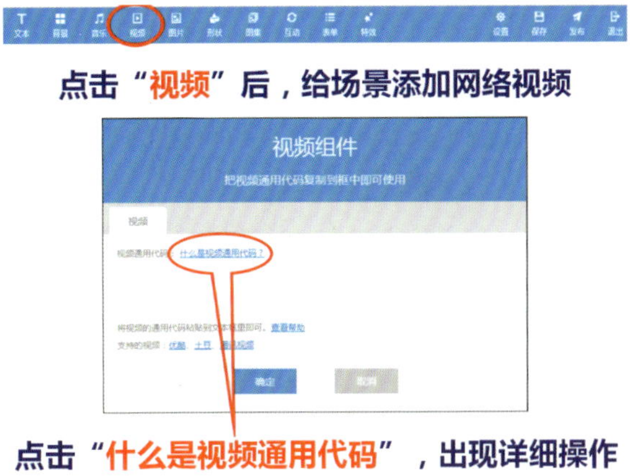

图10-14　视频编辑

（5）图片编辑，如图10-15所示。

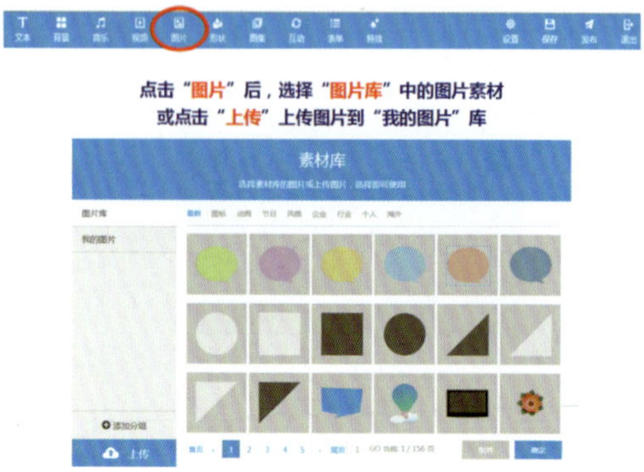

图10-15　图片编辑

（6）形状编辑，如图10-16所示。

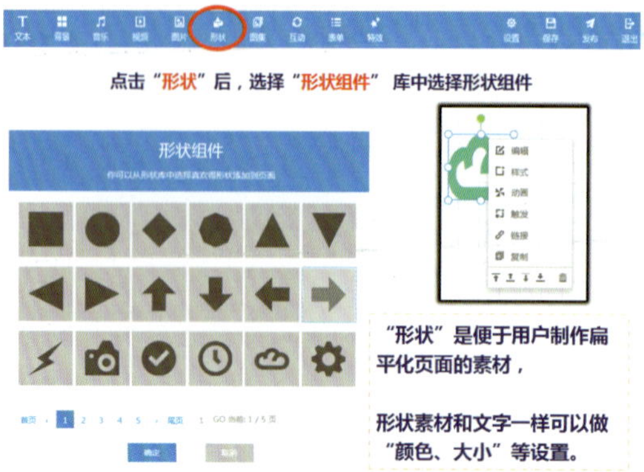

图10-16　形状编辑

（7）图集编辑，如图10-17所示。

图10-17　图集编辑

（8）互动编辑，如图10-18所示。

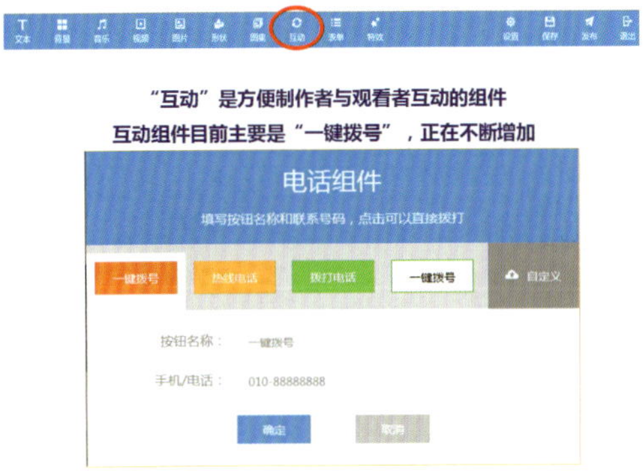

图10-18　互动编辑

（9）表单编辑，如图10-19所示。

图10-19　表单编辑

（10）设置特效动画，如图10-20所示。

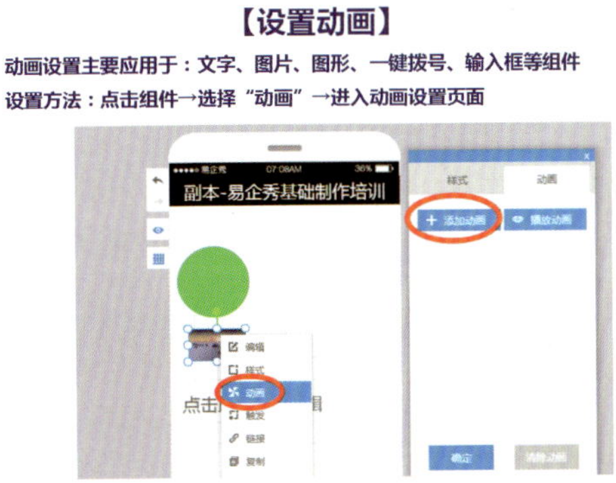

图10-20　特效动画

（11）保存与发布，如图10-21所示。

图10-21　场景二维码

10.2.7　设置场景

编辑完场景之后，需要设置场景，如图10-22所示。

图10-22　场景设置

易企秀为场景提供了全局性的设置功能：

（1）名称。

（2）场景类型。

（3）翻页方式。

（4）场景描述 。

（5）尾页。

建议用户认真填写，以提高用户浏览体验。

10.2.8　保存场景

将编辑好的场景保存到我的场景里，方便推广，如图10-23所示。

图10-23　我的场景

10.2.9　推广场景

二维码：用户可以直接微信扫描分享。

链接：可放到微信公众号等任何可在网络被点击的位置。

社交网络分享：可分享至微博等其他社交网络，如图10-24所示。

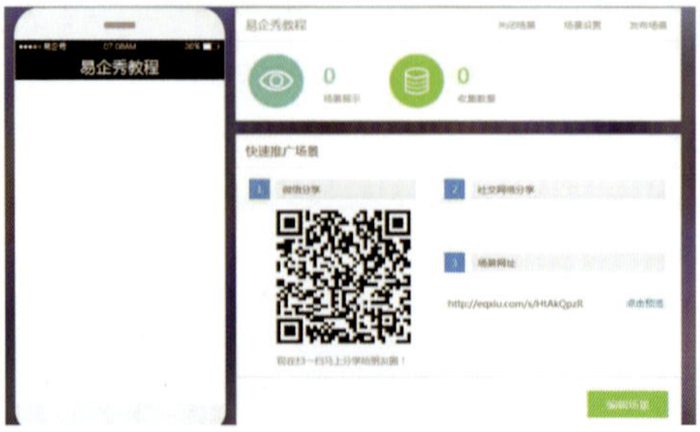

图10-24　场景推广

微信推广场景与分享如图10-25所示。

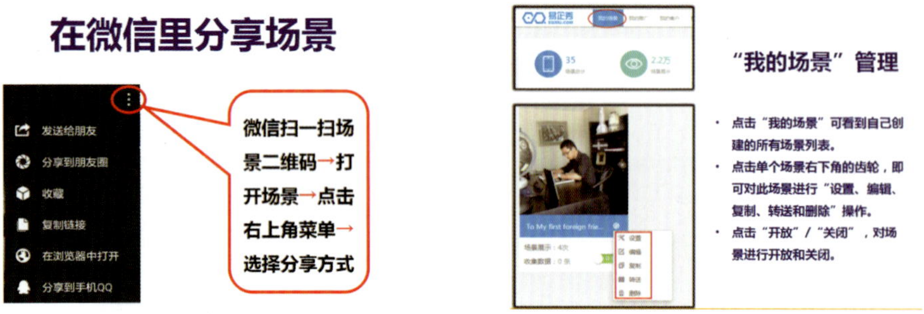

图10-25　场景分享

10.2.10　案例欣赏

案例欣赏：http://a.eqxiu.com/s/JAzSL66W

手机扫描二维码欣赏案例，如图10-26所示。

图10-26　案例欣赏

本章要点

（1）了解易企秀的概述。

（2）掌握制作易企秀的窍门。